D1696000

PUR

Unsere Geschichte
in Fotografien & Texten

Ein Buch von PUR und Ralph Larmann

Impressum

Herausgeber:	**te Neues Verlag,** Kempen
	Trignon GmbH, Dehrn
Projektmanagement:	**Trignon GmbH,** Dehrn
Autor:	**Ralph Larmann,** Trignon GmbH, Dehrn
Lektorat:	**Christine Hagner,** Bad Homburg
Gestaltung:	**Jörg Sehr,** Trignon GmbH, Dehrn
Reproduktion:	**Artwork Repro,** Limburg
	PPS, Montabaur
Druck:	**Ruster & Partner,** Elz
Bindung:	**Fikentscher,** Seeheim-Jugenheim

Gedruckt auf chlorfrei gebleichtem Papier mit Öko-Druckfarben von Epple

© te Neues Verlag, Kempen, 2001

ISBN 3-8238-5481-X

Foto-Nachweis

Privatarchiv PUR
6/7, 8/9, 10, 16, 18u, 20, 24o, 24m, 25, 39o, 66, 67, 69o.

R. Larmann
Titelfoto o, Rückseite, 11, 22/ 23, 34u, 35u, 38, 39u, 40-43, 46-51, 60-64, 72-83, 88-95

Gabo
Titelfoto u, 5, 44/45, 59, 86

dpa
17, 52/53, 57, 68, 69u.

B. Donaubauer
26o, 27, 28/29

H. Flessner
10u, 12/13, 14

Malfer
18o, 19

H. Schulte
21

EMI
30/31

T. Schneider
33

I. Faber
35

M. Holz
36/37, 54, 56, 58, 84

D. Weyhenmeyer
70/71

M. Ohnesorge
26

Alle Rechte vorbehalten. Vollständige oder auszugsweise Reproduktion, gleich in welcher Form (Fotokopie, Mikrofilm, elektronische Datenverarbeitung oder durch andere Verfahren), Vervielfältigung, Weitergabe von Vervielfältigungen nur mit schriftlicher Genehmigung. Gerichtsstand ist Kempen.

PUR

Unsere Geschichte
in Fotografien & Texten

Herausgegeben von

te Neues Verlag, Kempen
und
Trignon GmbH, Dehrn

– Vorwort –

Liebe LeserInnen!
Nach einigen mehr oder weniger gelungenen Versuchen anderer, Bücher über uns zu verfassen, haben wir uns entschlossen, das Buch selbst in die Hand zu nehmen! Ralph Larmann hat uns tagelang gelöchert und auf den Zahn gefühlt und aus all dem Gesagten und den gesammelten Fotoarchiven diesen Bildband zusammengestellt. Er liefert den ersten von uns autorisierten Einblick in die PUR-Geschichte, so, wie wir sie erlebt haben!

Wir hoffen, dass euch dieses Buch beim Lesen und Durchblättern wenigstens einen kleinen Teil der Eindrucksflut vermittelt, die in den letzten Jahren auf uns niederprasselte.

Wenn wir die ganzen Geschichten Revue passieren lassen, überfällt uns selbst ein Hauch von Sentimentalität und Demut. Manchmal scheinen uns die ganzen letzten Jahre fast wie ein Traum, der mit eurer Hilfe – mit der Hilfe unseres fantastischen Publikums – wahr werden konnte. Der Werdegang einer kleinen Schülerband namens CRUSADE bis zur großen Band PUR ist tatsächlich ein Märchen wie aus 1001 Nacht...

Und die Party geht weiter...

In diesem Sinne: Hebt die Gläser !!!

Viel Spaß mit unserem Buch wünschen

Hartmut   Ingo   Rudi   Joe   Roland

P.S. (frei nach Sepp Herberger):
Die CD ist rund und ein Konzert dauert ungefähr drei Stund'!

– Von Kindesbeinen auf –

Im kleinen Bietigheim-Bissinger Stadtteil Buch hat eigentlich alles angefangen. Ingo Reidl und Roland Bless gingen dort bereits als Vierjährige gemeinsam in den Kindergarten, denn sie wohnten nur einige Häuser voneinander entfernt. Und so feierten die beiden schon damals zusammen ihre Kindergeburtstage. Damit sie sich nicht aus den Augen verloren, wurden sie zusammen in die 1. Klasse der Grundschule im Buch eingeschult und besuchten von nun an bis zum Abitur 13 Jahre lang gemeinsam die Schule.

Ingos Familie erkannte schon früh das musikalische Talent des Sprösslings, und so begann er bereits mit sechs Jahren klassischen Klavierunterricht zu nehmen. In Rolands Elternhaus bestand der Draht zur Musik lediglich im gemeinsamen Singen von Volksliedern. Der Zufall wollte es, dass Roland den Spaß am Trommeln entdeckte. *„Von einem Kumpel bekam ich eine kleine Trommel geschenkt. Auf der spielte ich dann des Öfteren zu Musik von The Sweet und Slade. Das hat mich total begeistert"*, erinnert sich Roland. *„Richtig erwischt hat es mich dann als Zwölfjähriger auf dem Gymnasium. In einem kleinen Kämmerchen stand ein altes, bläulich glitzerndes Schlagzeug, auf dem ich regelmäßig zu trommeln begann. Nebenan probten Klassenkumpels Songs von den Beatles und Cat Stevens mit Akustikgitarren, und ab sofort spielten wir gemeinsam."*

ZITAT
Richtig erwischt hat es mich dann als Zwölfjähriger auf dem Gymnasium. *(Roland)*

– Crusade –

Nachdem Roland seine ersten Band-Erfahrungen gesammelt hatte, fing es 1975 in seiner Klasse zu rumoren an. Ingo Reidl verspürte Lust, zukünftig nicht mehr nur klassische Musik zu spielen, sondern sich neuen, rockigen und poppigen Gefilden zu öffnen: *„Rockmusik hat mich damals sehr interessiert, und da ich der einzige Klavierspieler in der Klasse war, haben wir es einfach probiert. Ich genoss es sehr, ohne eine strenge Klavierlehrerin im Hintergrund einfach aus Spaß zu spielen. Von meinem Konfirmationsgeld kaufte ich mir eine Viscount-Orgel mit eingebautem Synthesizer. Von da an war für mich klar, dass ich von dieser Art Musik nicht mehr loskomme. Im Grunde meines Herzens bin ich ein Popmusiker. Mit Jazz kann ich beispielsweise sehr wenig anfangen. Ich gehöre zu den Menschen, die nur einen Weg gehen können, nämlich den, der ihnen gefällt. Und so wurde ich schlicht und ergreifend Popmusiker.“* [Ingo]

Dann gabs da noch den Mitschüler und Gitarristen Rolf Lichtblau, der ebenso scharf darauf war, mit einer Band den Olymp des RocknRoll und die Herzen der Mädels zu erobern. Und so schlossen sich Ingo, Roland und Rolf zu einer Band zusammen und gaben ihr den Namen „Crusade", zu Deutsch Kreuzzug. Die Musik war eine Mixtur aus ersten Eigenkompositionen und Cover-Versionen von Neil Young, Free, Bad Company, den Beatles usw. Schon nach einem Jahr intensiver Probearbeit traten sie live auf.

Im ersten Jahr spielte „Crusade" in Bietigheim-Bissingen und der nahen Umgebung. Wenig später gaben sie bereits im Umkreis von 30 bis 40 Kilometern Konzerte auf Schulfesten und in Gemeindehallen. Selbst Stuttgart war vor „Crusade" nicht sicher.

Mit ihrer ständigen Livepräsenz erspielte sich „Crusade" immer mehr Zuhörer. Auf kleinen Rock-Festivals hatte man manches Mal eine beachtliche Publikumskulisse. Ein Fan namens Hartmut Engler fuhr zu fast jedem Konzert. Im Jugendhaus in Beutelsbach ereignete sich der denkwürdige Abend, an dem Roland dummerweise sein Bassdrumkissen vergessen hatte. „Ich fragte einfach ins Publikum hinunter, ob mir jemand seine Jacke zum Abdämpfen leihen kann, weil eine Bassdrum ohne Dämpfung ziemlich unangenehm klingt. Hartmut kam wie der Blitz angeschossen und lieh mir seinen Parka." (Roland) Wenig später nahm Hartmut bei Ingo einen Sommer lang Klavierunterricht.

„Für mich war die Musik anfangs nicht mehr als ein Hobby. Als sie jedoch das Fußballtraining in den Hintergrund schob, spielte durchaus der Gedanke eine Rolle, dass es als Mitglied einer Rockband auch besser mit den Mädchen klappt. Das war ganz sicher ein Teilaspekt. Ich war damals bestimmt nicht der große Musiker, doch zumindest von zu Hause vorbelastet. Mein Bruder spielte in einer Band und mein Schwager war sogar Profimusiker. So bekam ich nicht nur einiges mit, sondern kam auf den Geschmack. Allerdings war meine musikalische Ader nie sonderlich gefördert worden. Ich sang so vor mich hin. Erst mit 13 Jahren habe ich dann begonnen bei Ingo Klavierunterricht zu nehmen. Ingo gehörte zu den wenigen, die auf ihrem Klavier improvisieren konnten. Genau das war der Grund, warum ich zu ihm ging, denn das klassische

„Mit meinem Kumpel Chris traf ich mich damals öfter, um gemeinsam Songs zu entwickeln. Er war es dann auch, der mich elegant in die Band „Crusade" hineinbrachte. Hartmut, Ingo, Rolf und Roland waren damals zum Pizza essen bei ihm eingeladen. Und da holte mich Chris dazu. Als die Pizza im Ofen war, präsentierte ich ihnen meine Spielkünste, und das hat ihnen gereicht. Klampfe und Verstärker gab mir mein Bruder, und Anfang Mai 1979 fingen wir an zu proben. Als ich in die Band einstieg, war ich gerade mal 16 Jahre alt und somit der Jüngste. Wenn man mich bei nächtlichen Auftritten nach meinem Alter fragte, war ich natürlich auch schon 18. Kurz vor dem Abitur, im Sommer 1980, warf Chris die Flinte ins Korn. Als Chris ausstieg bin ich spontan von der Gitarre auf den Bass umgestiegen und fühlte mich von Anfang an wohl auf diesem Instrument." (Joe)

„Klavierspiel interessierte mich ganz und gar nicht. Allerdings musste ich mir von Ingo sagen lassen, dass ich mit dem Klavierspiel früher hätte beginnen müssen. So käme ich nicht mehr über den Durchschnitt hinaus." (Hartmut)

„Allerdings fand ich, dass Hartmut tierisch gut singt. Unser damaliger Sänger war gerade ausgestiegen. Dann hat Roland hinterm Schlagzeug eine Zeit lang gesungen, was er nicht schlecht machte. Aber vorne fehlte jemand, der das Publikum anheizte. Hartmut sang auf meine Empfehlung vor – und allen hat's gefallen. Seitdem ist er dabei." (Ingo)

Hartmut gefiel das Umfeld von „Crusade". Er fühlte sich dort von Anfang an wohl, obwohl er der Jüngste war.

„Ingo, Roland und die anderen waren eine Schulklasse über mir. Dreimal die Woche bin ich mit dem Mofa zum Proben gefahren. Zuhause schaffte ich mir das Programm der Band drauf. Allerdings mochte ich die englischen Songs nicht so sehr. Das Publikum sollte mich verstehen, wenn ich singe. So fing ich bereits mit 15 Jahren an, deutsche Texte zu schreiben. „Der Henker" ist ein Song aus dieser Zeit. Er ist sogar auf einer unserer alten Platten zu hören. Den habe ich tatsächlich mit 15 geschrieben." (Hartmut)

Außerdem versuchte er sich als Komponist. Allerdings musste Hartmut feststellen, dass Ingo deutlich bessere Songs schreibt. So ist er dazu übergegangen, Ingo seine Ideen nur noch vorzusingen, damit er sie gegebenenfalls für PUR zu kompletten Songs arrangiert. So arbeiten die beiden übrigens bis heute.

Auch wenn Hartmut eine leichte Abneigung gegen die englischsprachigen Songs hatte, so schrieb und spielte Crusade anfangs trotzdem Songs mit englischen Texten. Im Frühjahr '77 entschied man sich jedoch endgültig, nur noch Deutsch zu singen, was beim Publikum sehr gut ankam. Dank Hartmuts gut verständlichem Gesang - ohne „schwäbischen" Akzent- konnten die Fans den Texten inhaltlich problemlos folgen. Zugleich wurden der Sound und die Show perfektioniert. Das verdiente Geld investierte die Band in die Ton- und Lichtanlage.

„Hartmut führte die Bandkasse. In ein blaues DIN A4- Schulheft kritzelte er mit seiner furchtbaren Sauklaue jede Ein- und Ausgabe. Da hat alles bis auf den letzten Pfennig gestimmt." (Roland)

Bis auf Joe sind alle PUR-Musiker Kinder Heimatvertriebener Eltern. Fast alle Familien hatten vor dem 2. Weltkrieg Grundbesitz und Bauernhöfe im Gebiet der sogenannten Donauschwaben. Nach dem Krieg kamen die enteigneten Familien ins bundesdeutsche Schwabenland und mussten quasi bei Null anfangen. Das prägt!

Im Jahr 1978 gab es noch einige Besetzungswechsel. Dazu kam Chris Burgmann, der Gitarre und Bass spielte, ein halbes Jahr später Jörg Weber alias „Joe". (Da bestand „Crusade" aus sechs Musikern). Ein Kumpel hatte Joe gefragt, ob er nicht bei „Crusade" Gitarre spielen wolle. Joe sagte sofort zu, denn es war die angesagteste Schulband. Damals hatte er mit dem Bassspiel noch nichts am Hut. Erst 1975 hatte Joe begonnen, Beatles-Songs auf der Westerngitarre seines großen Bruders zu spielen.

Der letzte Personalwechsel der Band stand im Sommer 1980 ins Haus. Rolf ging und Rudi Buttas kam. Rudi spielte zur damaligen Zeit schon neun Jahre Gitarre, hatte eine eigene, angesehene Band und einen Proberaum. *„Nachdem wir die Zusammenarbeit beschlossen hatten, musste ich mir innerhalb einer Woche 50 Songs draufschaffen, weil wir am darauf folgenden Wochenende mit Moonstone bei den Amis spielten."* (Rudi)

Im gleichen Jahr benannte man auch die Band um. Aus „Crusade" wurde „Opus".

PUR ZITAT

Ich fragte einfach ins Publikum hinunter, ob mir jemand seine Jacke zum Abdämpfen leihen kann ..., Hartmut kam wie der Blitz angeschossen und lieh mir seinen Parka. *(Roland)*

– Opus und Moonstone –

Anfang 1980 zog Opus mit ihrer Livepräsenz um Stuttgart herum immer größere Kreise. „Wir hatten damals einen Übungsraum in der Kirche. Damals probten wir konsequent zweimal die Woche. Das hatte ich so in keiner Band zuvor erlebt. Als Gegenleistung haben wir sonntags in einem modernen Gottesdienst einen Kinderchor begleitet. Besonders hart waren diese Kirchenkonzerte, wenn wir die Nacht zuvor gespielt hatten. Da gab es manchmal besonders schöne Szenen, zum Beispiel, als uns auf der Rückfahrt einmal ein Reifen geplatzt war. Damals kamen wir erst morgens um 8 Uhr total versifft in der Kirche an." (Rudi)

„Ich glaube es war 1981, da sind alle unsere Schutzengel und noch einige mehr auf der Heimfahrt von einem Gig mit uns gefahren und geflogen. Damals hatten wir an zwei Abenden hintereinander Auftritte und natürlich haben wir viel zu wenig geschlafen. Da ich nie etwas Alkoholisches trank, durfte ich auch meistens nach Hause fahren. An diesem Abend hat allerdings der komplette Bus inklusive Fahrer gepennt und dann ist es passiert: Das war wie in einem schlechten Film. Plötzlich sah ich im Scheinwerferlicht die Büsche auf mich zukommen und ich dachte nur: „Scheiße!". Ich war von der Fahrbahn abgekommen und an Büschen und Bäumen vor-

ZITAT

Hartmut sang auf meine Empfehlung vor – und allen hat's gefallen. Seitdem ist er dabei. *(Ingo)*

bei über einen Grünstreifen gebraust. Als ich zum Stehen kam, waren auch alle anderen wach. Um Haaresbreite sind wir einer Katastrophe entgangen, denn das hätte nur an zwei oder drei Stellen im Verlauf dieser Autobahn passieren dürfen. Ansonsten wäre ich in Leitplanken oder Erdhügel hinein oder Abhänge hinuntergebraust. Wir hatten unglaubliches Glück! Allerdings war es auch das letzte Mal, dass wir nach einem Doppeljob direkt nach Hause gefahren sind. Nachdem Frieder Baer sein Studium abgebrochen hatte, ist er als Fahrer und für den Auf- und Abbau mitgefahren. Später mischte er auch unseren Sound. Und wenn wir eigene Gigs veranstalteten, war auch noch der Tom Schwille dabei und hat sich um das Licht gekümmert." (Joe)

Hartmuts Schwager, Reiner („Hägar") Nagel war mit seiner Rockband relativ erfolgreich, woraufhin er sich im Kellergeschoss seines Hauses ein eigenes, kleines Tonstudio einrichtete. Und so kam es, dass Opus 1982 in Reiners Studio die erste selbst produzierte Langspielplatte aufnahm und anschließend 1983 als „Opus I" veröffentlichte. „Damals wusste ich gerade mal, was ein Tonband ist, aber nicht wie ein Tonstudio funktioniert. Als ich das erste Mal in Reiners Studio kam, standen dort die ganzen Synthesizer von Udo Jürgens. Schon allein den Geruch, als ich das erste Mal in diesem Studio stand, werde ich nie vergessen. Das fand ich obergeil. Selten fühlte ich mich sofort so heimisch wie damals." (Ingo)

Die gesamten Kosten der Produktion von rund 20.000 Mark finanzierte die Band selbst.

„Wie die kleinen Jungs mit großen leuchtenden Augen vor dem Weihnachtsbaum standen wir wie elektrisiert vor dem Plattenspieler, als wir das erste Mal unsere eigene Platte hörten. Das war eigentlich das erhebendste Erlebnis. Die 20.000 Mark für unsere erste Platte haben wir in Ferienjobs erarbeitet. Dieses Geld holten wir zwar mit dem Verkauf von 1000 Platten zu 20 Mark das Stück wieder rein, aber Gewinn haben wir nie erzielt, geschweige denn die Zeit bezahlt bekommen, die wir an Arbeit investiert hatten." (Hartmut)

„Wir haben schon damals nichts, aber auch gar nichts anderen überlassen, aber wir hatten ja auch schließlich keine andere Wahl. Die Finanzen waren überschaubar knapp. So sind wir beispielsweise nach der Probe bei Nacht und Nebel selbst Plakatieren gefahren. Damit der Kleister im Winter nicht einfror, mussten wir ihn mit Spiritus verdünnen. Aber nicht nur dem Kleister war es kalt. Ein paar Bierchen zum Aufwärmen taten damals gute Dienste. Auf den Konzerten haben wir die Platten angepriesen und fleißig verkauft. Sie verkauften sich erstaunlich gut." (Roland)

1983 eröffnete ihnen Reiner Nagel die Möglichkeit, als Vorgruppe der damals verhältnismäßig bekannten Band „Novalis" zu spielen. Natürlich sattelte Opus den eigenen Band-Bus und ging mit Novalis in Norddeutschland auf Tour. „Den Innenraum des Busses hatten wir so aufgeteilt, dass die eine Hälfte der Ladefläche die Anlage fasste und auf der anderen Hälfte Kisten mit genug Fläche zum Schlafen bereit stand. So hatten wir, egal wo wir hinkamen, immer eine, wenn auch

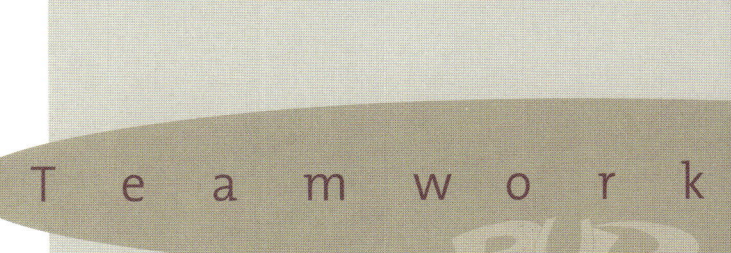

Teamwork PUR

Neben den Musikern waren viele Jahre drei Leute gleichwertige „Bandmitglieder": Tom („Osram") Schwille gehörte bereits bei der Gründung der Band zur Clique, war der erste Manager der Band und übernahm frühzeitig die Lichtabteilung. Fast von Anfang an war Frieder („Petz") Baer dabei. Frieder lernte „Crusade" in einem Jugendhaus in Beutelsbach kennen, wo er eines ihrer Konzerts mitschnitt. Er bot der Band an, des Öfteren Mitschnitte zu machen. „Wer weiß, wozu es mal gut ist", waren seine Worte. Schnell weitete sich sein Tätigkeitsfeld auf den Livemix der Band aus. Reiner („Hägar") Nagel lernte die Band als Schwager von Hartmut kennen. Nachdem Opus in seinem kleinen Kellerstudio die erste Platte aufgenommen hatte, fing die Band an, intensiver mit Reiner zusammenzuarbeiten. Das ging so weit, dass Reiner die Gigs von Moonstone bei den Amerikanern managte. Später übernahm er gemeinsam mit Frieder die technische Planung und Organisation der Konzerte. Bis heute werden die Konzerteinnahmen von PUR durch acht geteilt: fünf Musiker und drei Cheftechniker.

„Anfangs wäre die Band-Entwicklung in dieser Form ohne Reiner, Tom und Frieder nicht möglich gewesen. Reiner hat uns zu günstigen Konditionen sein Studio zur Verfügung gestellt und die Ami-Clubs vermittelt. Und wenn wir das damals hätten regulär bezahlen müssen, was Tom und Frieder gearbeitet haben, wäre die ganze Gage für die Roadies draufgegangen. Alle haben gemeinsam daran gearbeitet, dass die Band ins Rollen kam. Da wir einige Zeit alle zusammen nichts verdient hatten, beschlossen wir, als es richtig losging, dass alles, was wir verdienen, durch acht geteilt wird. Doch irgendwann war diese Vereinbarung hinsichtlich unserer Plattenverkäufe nicht mehr tragbar. Ich denke, das war alles ausgesprochen fair. Wir haben ihnen auch empfohlen, dass sie sich in der übrigen Zeit etwas Produktives aufbauen sollen, was mit der Produktionsfirma BNS in die Tat umgesetzt wurde. Auf Tourneen ist jedoch alles beim Alten geblieben. Auch bei der nächsten Tournee werden sämtliche Einnahmen durch acht geteilt." (Hartmut)

nicht sehr komfortable, Schlafgelegenheit." (Joe)
Im Unterschied zu Novalis produzierte Opus als Vorgruppe deutlich weniger Lautstärke. Zudem kamen die Schwaben bei den Nordlichtern in Oldenburg, Hamburg, Bremen etc. sehr gut an. Den dortigen Veranstaltern fiel das sehr positiv auf.

Daraufhin boten sie Opus an, auch ohne Novalis im Norden spielen zu können, was für eine Band aus Süddeutschland so etwas wie einen kleinen Durchbruch bedeutet.
Beim Oldenburger Konzert war auch ein Veranstalter von der Insel Norderney anwesend. Er war so begeistert, dass er Opus im November '83 erstmals für freie Überfahrt, Unterkunft und 100 Mark Gage für ein Konzert auf Norderney engagierte. Natürlich waren alle schon von dem Gedanken begeistert, auf der schönen Insel auftreten zu können. Insgesamt spielten sie ganze vier Mal auf Norderney. Seitdem haben sie dort eine treue Insel-Fangemeinde.
Um nicht von der Hand in den Mund leben zu müssen, forcierte man mit der Gründung einer zweiten Band namens „Moonstone" massiv das Live-Spielen. Diese setzte sich aus den gleichen Musikern wie Opus zusammen, doch Moonstone war eine Coverband, die in erster Linie in amerikanischen Clubs auftrat. Jedoch war von vornherein klar, dass man auf keinen Fall mit Tanz- oder Hochzeitsmusik, sondern mit solider, guter Rockmusik zusätzliches Geld verdienen wollte.
„Teilweise waren es richtig tolle Gigs bei den Amerikanern. Ab und zu brachten wir auch einige unserer deutschen Songs ins Programm. Die Amerikaner hat auch diese Musik begeistert. Das ging so weit, dass wir in den Pausen und nach dem Konzert herumgelaufen sind, und unsere Platten verkauften." (Roland)
„Doch war das in den Ami-Clubs manchmal ein Niveau, dass man es nicht mehr aushielt. Da wussten wir oft nicht, ob wir jetzt in einem Club oder in einem Puff stehen. Trotzdem bin ich froh, dass wir die verrauchten, schwitzigen, rauen Clubs durchgemacht haben. Es hat uns auf jeden Fall geprägt. Wir haben ganz schön Dreck gefressen. Wenn wir heute lieb sind, dann aus Überzeugung. Wir sind nicht böse, tragen keine schwarzen Lederjacken und spucken nicht durch die Gegend, weil wir nicht drauf stehen und weil das keiner braucht. Ich will und muss mir nicht mehr beweisen, dass ich ein ganzer Rock'n'Roller bin. Ich habe das Gefühl, dass sich das andere

ZITAT

Doch war das in den Ami-Clubs manchmal ein Niveau, dass man es nicht mehr aushielt. Da wussten wir oft nicht, ob wir jetzt in einem Club oder in einem Puff stehen. *(Hartmut)*

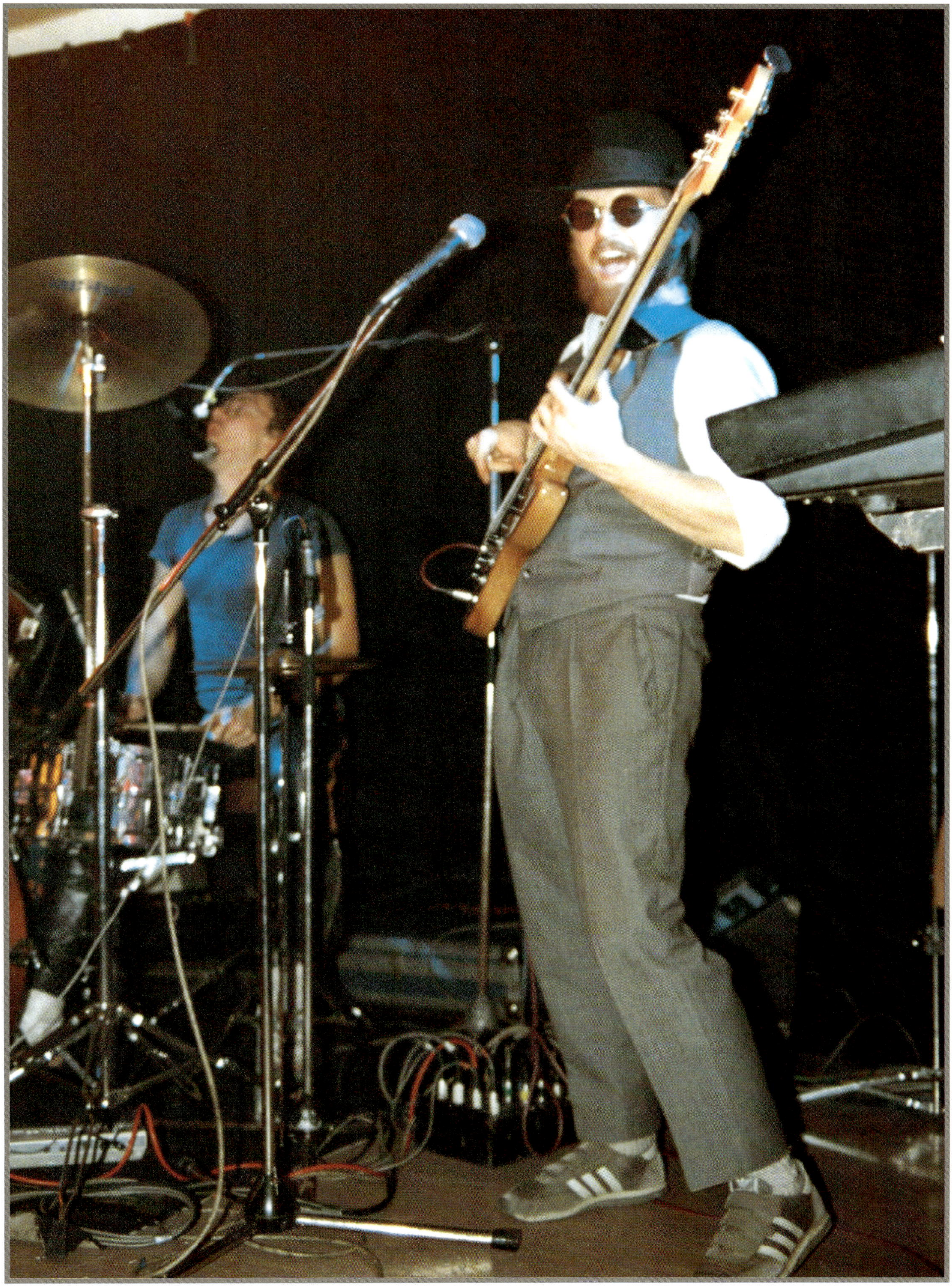

Kollegen ihr Leben lang beweisen wollen, aber meistens gelingt es ihnen sowieso nicht und sie machen sich nur lächerlich. Heute sind wir bestimmt keine Rock'n'Roller mehr, aber wir waren es ein paar Jahre lang. Wir möchten und müssen heute gar keinen Dreck mehr fressen, denn wir verdienen genug Geld und sind außerdem Familienväter.

Die härtesten Abende bei den Amis waren die, an denen wir fünf Stunden für fünf Betrunkene am ersten Tisch spielten. Wenn die nicht da gewesen wären, hätten wir nämlich zwei Stunden früher aufhören und nach Hause fahren können.

Dazu kam, dass die paar Besoffenen uns permanent aufgefordert haben, AC/DC zu spielen. Da war man schon etwas genervt. Dann hat man "Highway To Hell" schon in jeder Runde zweimal gespielt und gleich hinterher noch einmal "Jump" von "Van Halen". Da entwickelt man eine gewisse Gelassenheit gegenüber solchen Dingen und ist unglaublich, nahezu unfassbar dankbar, wenn man auf der anderen Seite deutsches Publikum bespielen darf, das in der Lage ist zuzuhören, und dem "unsere" Musik gefällt. Deshalb haben wir uns auch nie beschwert, wenn wir in einem Jugendhaus spielten

kein einziger zahlender Zuschauer. Und so spielte Opus drei Songs für die Belegschaft, packte die Instrumente wieder ein und fuhr mit dem Bandbus nach Hause. Woran das damals gelegen hat, weiß bis heute keiner.

Als Opus 1985 ihre zweite Platte, „Vorsicht zerbrechlich", veröffentlichte, hatte man sich bereits in einigen Regionen und Städten im Norden und Süden des Landes eine kleine, aber dennoch beachtliche Fangemeinde erspielt. Aber wieder musste die Band die Produktion aus der eigenen Tasche bezahlen. *„Mit der 83er Platte trauten wir uns nicht zu einer Plattenfirma zu gehen, da sie für unser Empfinden zu amateurhaft klang. Zwei- oder dreimal versuchte ich sie jemanden vorzuspielen, aber es war kein richtiger Zug dahinter. Mit „Vorsicht zerbrechlich" war das ganz anders. Von dieser Platte waren wir total überzeugt, aber letztendlich auch wieder die einzigen, denn keine Plattenfirma ließ sich drauf ein. Bei dieser Platte war das Erhebende, dass es einen Radiomenschen aus Stuttgart, den Frieder Berlin, gab, der uns tatsächlich im Radio spielte. Wir haben ihm persönlich die Platte gebracht und dann das erste Mal ein Lied von uns mit Ansage im Radio gehört. Das machte uns unglaublich stolz."* (Hartmut)

In dieser Zeit hatte die Band allerdings ein richtiges Tief. Sie wussten, dass ihnen in ein bis zwei Jahren der Saft ausgeht. Spätestens da müsste die Band so viel Geld verdienen, dass alle davon leben können. 600 Mark im Monat waren da sicherlich zu wenig. Dazu kam das Pech mit der Namensänderung.

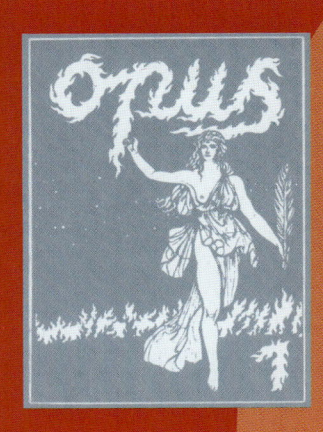

und nur 30 Leute da waren. Es konnte doch keiner wissen, dass wir gut sind. Von diesen 30 Leuten kauften oft zehn unser Platte. Und beim nächsten Mal kannten die Leute unsere Lieder auswendig, sangen mit und brachten noch fünf neue Leute mit. Wir erlebten nie, dass bei einem späteren Konzert im selben Haus weniger Leute da waren." (Hartmut)

Doch gab es nicht nur volle Häuser zu bespielen. Stell dir vor, im Jugendhaus spielt eine Band und keiner geht hin. Mitte der 80er ist das Opus widerfahren. Sie gastierten im Ludwigshafener „Haus der Jugend". Trotz der üblichen Werbung kam

Namensänderung

„Als die österreichische Band „Opus" ihren Erfolg mit „Live is Life" hatte, sind wir mit denen immer verwechselt worden. Aus „Live is Life" machten wir eine eigene Version mit dem Titel „Quark macht stark". Diese Variation spielten wir damals bei jedem Konzert und sie kam sogar gut an. Die Leute haben dann endlich kapiert, dass wir nicht Opus aus Österreich, sondern Opus aus Bietigheim-Bissingen sind. Manche waren darüber nicht so glücklich, aber die hatten trotzdem ihren Spaß. Doch letztendlich blieb uns nichts anderes übrig, als den Bandnamen abzuändern. Der Bandname PUR ist mir einfach zugefallen. Ich wollte was Kurzes, Prägnantes bringen. Letztendlich ist er purer Zufall!" *(Ingo)*

– Studienzeit –

> **ZITAT**
> Montags in der Uni fragten wir uns, was ist nun das richtige Leben, hier oder am Wochenende? *(Hartmut)*

„Man darf als Student wenig Geld haben, aber man muss einigermaßen leben können. Ich machte allerhand Nebenjobs, von Büro- bis zur üblen Schichtarbeit. Anfang der 80er arbeitete ich auch mal bei Udo Jürgens als Beleuchter. Ich empfinde es nicht als sozialen Abstieg, wenn man als Bettelstudent bezeichnet wird. Wir bezeichneten uns übrigens immer als Studenten, nie als erfolglose Musiker." *(Hartmut)*

Bei den Opus-Musikern ging es immer darum, wie sich das Studium mit der Musik am besten vereinbaren lässt. Insbesondere die Eltern äußerten dezent den Wunsch nach einer „ordentlichen Ausbildung", denn falls es nichts wird mit der Karriere, hätten die Jungs wenigstens eine Basis für ein anders geartetes, bürgerliches Berufsleben.

Hartmut studierte Englisch und Deutsch für Lehramt. „Schon nach dem Abitur war der Zusammenhalt und die Freundschaft innerhalb der Band so stark, dass wir uns eigentlich nichts anderes mehr vorstellen konnten, als in diesem Kreis weiterzumachen. Deshalb richtete jeder sein Leben und seine Ausbildung so ein, dass es die Band-Aktivitäten nicht einschränkte. Ich hätte als Englischstudent eigentlich irgendwann für ein halbes Jahr nach England gehen müssen. Aber ich umging diesen Auslandsaufenthalt aus Angst, ich könnte dadurch die Band verlieren, obwohl wir nicht viele Gründe hatten zu glauben, dass wir es jemals so weit bringen. Das Livegeschäft war ein harter Job. Es bedeutete am Wochenende selbst Lkw fahren, die Anlage schleppen und aufbauen, fünf Stunden spielen, Anlage abbauen und schleppen und nochmal Lkw fahren, meistens alles kombiniert mit einem hohem Bierkonsum. Nach so einem Wochenende waren wir meistens fix und fertig. Montags in der Uni fragten wir uns, was ist nun das richtige Leben, hier oder am Wochenende? Mich hat die Uni so angekotzt. Ich musste Bücher lesen, die mich von vorne bis hinten keinen Deut interessierten. Das war einfach nicht das, was ich mir für mein Leben vorstellte. Mich interessierte, was sich zwischen Menschen abspielt. Frauen waren natürlich immer interessant. Nicht dass ich damals schon viel Erfahrung hatte, aber Frauen waren ein spannendes Thema." (Hartmut)

Roland studierte Elektrotechnik für Lehramt und beendete seine Ausbildung nach dem ersten Staatsexamen vor der Referendarzeit. „Das Referendariat wollte ich mir nicht mehr antun, denn dann hätte ich die Band verlassen müssen. Außerdem war ich zu diesem Zeitpunkt zu hundert Prozent davon überzeugt, mit der Musik meinen Lebensunterhalt bestreiten zu wollen und zu können." (Roland)

Rudi hat damals in Trossingen an der Bundesakademie Konzertgitarre studiert. Seine Abschlussarbeit schrieb er zum Teil im fahrenden PUR-Bandbus. Direkt nach der Schule hatte er eine Ausbildung als Radio- und Fernsehtechniker hinter sich gebracht. Der anschließend zu absolvierende Zivildienst brachte ihn jedoch auf den rechten Weg zur Musik. Für Ingo und Joe kam nur ein Musikstudium in Frage, wobei Joe in Straßburg als Hauptfach Flöte und als Nebenfach Kontrabass studierte.

Ingo bestand gleich nach seinem Abitur die Aufnahmeprüfung im Hauptfach Klavier an der Musikhochschule Stuttgart. Sechs Jahre dauerte das Studium, das er als Jahrgangsbester mit Bravur abschloss. „Ich wollte dieses Studium unbedingt sehr gut abschließen. Als es darauf ankam, gab mir Opus ein halbes Jahr Zeit, um mich voll auf die Abschlussprüfung zu konzentrieren, und das hat sich gelohnt. Diesen Abschluss möchte ich um nichts in der Welt missen." (Ingo)

Bei den Plattenfirmen wollte man PUR noch immer keinen Einlass gewähren. Und wieder produzierte die Band ihre neue, die dritte Platte selbst.
Während der Studioarbeit kam urplötzlich und unerwartet die Meldung aus Pforzheim, dass PUR in der Endausscheidung des Landesrockwettbewerbs steht. Das hieß, dass PUR zu den 16 beliebtesten Bands des Bundeslandes Baden-Württemberg zählte! Immerhin hatten 3000 Bands mit Demotapes teilgenommen. Und prompt holte PUR den 1. Preis und war somit Landes-Rocksieger von Baden-Württemberg.
Mit diesem Preis in der Tasche ging es am 28. Dezember 1986 nach Osnabrück zum Bundesrockfestival. An dem Wettbewerb nahmen die Sieger aller Bundesländer teil. „Dort fühlten wir uns schon fast wie Exoten, denn wir waren die einzige Band, die Schlachtenbummler mitbrachte. Da waren Transparente wie >Norderney grüßt PUR<, >Kaiserslautern grüßt PUR<, >Pforzheim grüßt PUR< etc. im Publikum. Für eine Band, die aus dem Amateurlager kam, war das die absolute Sensation. Unsere Fans waren mit Bussen angereist, was für alle anderen ein Rätsel darstellte. 3500 Menschen füllten die Halle. Die Veranstalter hatten damals große technische Probleme, denn bei den Bands vor uns hat die Anlage kräftig gebrummt. Da verstand man besonders den Gesang nur vage. Unser Soundmann Frieder hatte in wenigen Minuten das Brummen komplett beseitigt. Als neunte Band hatten wir das einzige brummfreie Konzert. Von Hartmuts Gesang konnte man an diesem Abend jedes Wort der deutschen Texte glasklar verstehen. Wir spielten uns eine halbe Stunde lang die Seele aus dem Leib. Als wir anschließend vollkommen aufgelöst in der Garderobe als Sieger aufgerufen wurden, konnten wir es nicht fassen. Es war ein unbeschreiblich schönes Gefühl."
(Roland)

– „betrunken" zum Plattenvertrag –

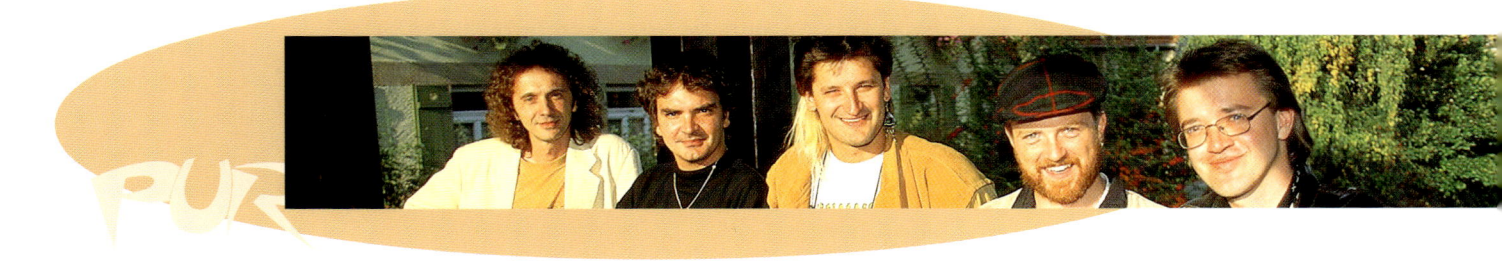

Außer Frage steht, dass PUR sich sein Publikum und seine Fans durch unzählige Konzerte erspielt hat. Doch wie funktioniert so etwas, werden sich viele fragen. Bringt man es auf den Nenner, lässt sich diese Frage eigentlich relativ simpel beantworten: Sie sind ihrer Musik immer treu geblieben. *„In der Zeit der neuen Deutschen Welle habe ich Hermann Hesse-Texte in meinen Liedern verbraten, und damit lag ich natürlich voll daneben. Wir waren nie im Trend, nie zeitgemäß, das hat uns einfach nicht interessiert."* (Hartmut)

Letztendlich müssen sich die Kritiker von PUR fragen, wer eigentlich Trends macht. Denn im Grunde sind es doch die Kreativen, die den Mut haben, etwas durchzuziehen, obwohl die als A&R- Manager bekannten Trendscouts der Plattenfirmen und die Medien abwinken. *Es war nicht einfach, die ersten, selbstfinanzierten Platten zu verkaufen, sich zu präsentieren und zugleich immer wieder die Frage zu stellen: „Ist das o.k., was wir hier machen, kommt das draußen an?" Doch Gott sei Dank waren jedes Mal, selbst nach längeren Konzertpausen, zwei- bis dreimal so viele Menschen wie bei den Konzerten zuvor.* (Hartmut)

Am 30. Dezember '86 fuhr der damalige Geschäftsführer der Plattenfirma Intercord, Herbert R. Kollisch, mit seiner Frau in den Skiurlaub. Im Gepäck hatte er ein Demo-Tape der Gruppe PUR, auf dem *„Hab mich wieder mal an dir betrunken"* zu hören war. Dieses Tape hatte PUR dem Intercord A&R Manager Charlie Rothenburg zugesteckt und der reichte es an den besagten Geschäftsführer weiter. Auf der Fahrt in den Skiurlaub verliebte sich Frau Kollisch in dieses Lied. Als Herbert Kollisch aus dem Skiurlaub zurückkehrte, bot er PUR sofort einen Plattenvertrag an. Er war wohl ebenso wie seine Frau begeistert und zugleich davon überzeugt, dass PUR ein Knaller wird. Und da PUR die dritte Platte gerade fertig produziert hatte, unterzeichnete man einen Vertrag.

„Unser erster Vertrag mit der Intercord war ein Bandübernahmevertrag. Anschließend schlossen wir einen Künstlervertrag. Allerdings war er von den Konditionen für uns nicht besonders gut. Jedoch waren wir damals noch froh, dass sie den Vertrag überhaupt verlängerten. Dass es so nach vorne losgehen würde, hat ja niemand erwartet. Der Vertrag wurde dann später korrigiert. Wir haben unser Lehrgeld bezahlt und eben auch unsere Lehren daraus gezogen. Die Intercord ist fair geblieben und hat dann ohne Murren nachgebessert. Allerdings wussten wir und die Plattenfirma auch, dass PUR einen guten Anteil ihrer Löhne bezahlt. Als es kürzlich um die Verlängerung des Plattenvertrages ging, war uns unsere Verhandlungsposition durchaus bewusst. Wir waren an einem langfristigen, richtig guten Vertrag interessiert. Und die Intercord hat uns das beste Paket geschnürt, das unseren Backkatalog (sämtliche alten Platten) beinhaltete. Da konnte einfach keine andere Plattenfirma mithalten. Ein halbes Jahr später hat die

EMI leider die Pforten der Intercord geschlossen. Das war ganz schön bitter. Jetzt ist PUR letztendlich doch bei der EMI gelandet und ich muss sagen, es läuft bislang wirklich sehr gut. Erst hatte ich Bedenken, denn die sind groß und haben noch einige andere renommierte Künstler neben PUR im Programm. Allerdings hat uns die EMI bis jetzt nicht enttäuscht." (Joe)
„Als wir das Lied „Hab mich wieder mal an Dir betrunken" machten, habe ich mich endlich getraut, einen Liebestext zu machen. Im Freundeskreis war das total verpönt. Wir waren links, hatten alle lange Haare und waren gegen die Plattenfirmen, gegen die Industrie und gegen alles, was groß und mächtig ist. Für die meisten klang das schon wie ein Schlager. Aber genau das war der Grund für die Plattenfirma zu sagen, das kaufen wir jetzt ein. Das konnte man einer breiten Öffentlichkeit anbieten, das war jetzt auch nicht mehr mit diesem „Underdog Feeling" textlich kritisch und mit Protest behaftet, sondern etwas, was sinnbildlich nach einer Volkspartei roch. Und das hat genau so funktioniert. Ich war dadurch auf einmal sehr befreit, als mich nicht jeder für diese Nummer geprügelt hat, sondern dass ganz viele Leute sie gut fanden. Wenn man im Sumpf seiner Leute und Bekannten steckt und dadurch der Blickwinkel stark verengt ist, wird es schwer, da auszubrechen. Mir ist es gelungen, mich dem Großen und Ganzen zu öffnen, um dann viel mehr Meinungen zu bekommen. Das ist der Punkt, wo ich mich am meisten verändert habe. Bei mir fand eine Entkrampfung statt. Ich war bis dahin der Meinung, ich bin auf der Bühne ein relativ unsympathischer Typ. Aber mit den Liebesliedern fing ich endlich an, etwas Positives auszustrahlen. Und das hat die Leute erreicht, ganz gleich wie weit weg sie waren. 1990 ging das bei den Konzerten mit der Mitsingerei los. „Wenn sie diesen Tango hört" haben damals alle mitgesungen und ich war völlig sprachlos. Das genieße ich bei jedem Konzert. Wir haben alles ganz langsam gelernt und es ist für mich immer noch nichts völlig Normales. Das ist für mich wie in der Schule. Dort hatte ich bei Klassenarbeiten große Versagensängste. Ich musste manchmal fünf Minuten warten, bis ich den Füller anfassen konnte, weil meine Hände so gezittert haben. Dabei war ich ein hervorragender Schüler, der nie Angst haben musste. Genauso ist es heute bei den Konzerten: Ich weiß eigentlich, dass ich es kann, aber ich mach mir trotzdem fast in die Hosen. Aus irgendeinem Grund habe ich wahnsinnige Versagensangst, dass es mal nicht so wird, wie ich es mir vorgestellt habe. Hinterher ist das wie weggeblasen und wird abgelöst von einer unbeschreiblichen Euphorie, die mit nichts zu vergleichen ist. Das ist eigentlich das allerschönste, befriedigendste, tiefste Gefühl. Später im Leben kam das mit dem Kinderkriegen dazu, was auf einer ganz anderen Ebene vermutlich das tollste Gefühl ist. Aber was man mit dem Beruf selbst erreichen kann, ist genau das Gefühl, warum ich so gerne auf der Bühne stehe. Dieses „Ich könnte die ganze Welt umarmen," das kommt dabei immer durch." (Hartmut)
„Natürlich war es großartig, einen Plattenvertrag zu haben. Für uns bedeutete das irgendwie die große weite Welt, wir sind dabei und jetzt sind wir Stars. Allerdings war das gerade am Anfang nicht so." (Ingo)
Doch spürte PUR auch schnell, welche Vorteile es mit sich bringt, als Künstler einen Plattenvertrag mit einer renommierten Plattenfirma zu haben. Das fing mit der ersten Fotosession an und ging mit der Radiopromotion für das Album weiter. Durch die Intercord bekam PUR auf einmal Zugang zu den Rundfunkredakteuren. Als Amateur-Künstler war man zu diesen

Unendlich mehr

Zum Album „Unendlich mehr" machte PUR die erste richtige bundesweite Tournee. „Es war ein tolles Gefühl, mit einem Bandbus unterwegs zu sein und endlich gefahren zu werden." (Joe)

Karsten Jahnke führte die Tournee durch. Allerdings legte er bei dieser Tournee ganz schön drauf: „In Stuttgart füllten wir zwar die Liederhalle mit 4000 Menschen, aber in Bayern kannte uns fast keine Seele! Dafür waren die Säle im Norden wieder voll. Somit hatten wir zum Glück nicht dieses berüchtigte, manchen Musikern anhaftende Nord-Süd-Gefälle. Natürlich darf man als relativ unbekannte Band nicht zu hohe Ansprüche stellen. Auch eine professionelle Konzertagentur kann da keine Wunder bewirken." (Roland)

Damen und Herren nie vorgedrungen. „Auf einmal wurden wir anerkannt und konnten sogar von dem Geld leben, da wir plötzlich ein bundesweit funktionierendes Netzwerk hatten. Somit fand für PUR 1987 tatsächlich die große Weichenstellung zum Bigbusiness statt." (Roland)

Vom Album „PUR" wurden im ersten Jahr ungefähr 10.000 bis 15.000 Platten verkauft, was recht ordentlich für das erste offizielle Album mit Plattenfirma war. Heute steht das Album knapp vor der magischen Platinmarke von 300.000 verkauften Exemplaren.

„In der Zeit um die Unterzeichnung des Plattenvertrags herum haben wir gespielt wie die Blöden. Das bei den Amis verdiente Geld ließen wir in der Bandkasse, um davon beispielsweise Licht- und Tonanlagen zu kaufen. Wir wohnten alle noch zu Hause und keiner hatte ein eigenes Auto. Von daher war unsere private Kostenbelastung zu dieser Zeit noch relativ gering. Wir wollten lieber investieren, denn so konnten wir gegenüber anderen Bands besser und günstiger kalkulieren, da das Equipment uns gehörte und wir keine Miete bezahlen mussten. Wir waren spielgeil und haben uns so unser Publikum kontinuierlich erspielt." (Joe)

1988 gewinnt PUR den Nachwuchspreis der „Goldenen Europa". Neben zahlreichen Konzerten im ganzen Land nimmt PUR mit dem Produzenten Ferdinand Förster das Album „Wie im Film" auf, das sich zunächst doppelt so gut verkauft wie der Vorgänger und heute ebenfalls knapp vor der Platinauszeichnung steht. Der bekannteste Titel auf „Wie im Film" ist „Wenn sie diesen Tango hört". Zudem taucht erstmals die Kunstfigur Kowalski auf, die auf einigen PUR-Alben den typischen Deutschen persifliert. „Funkelperlenaugen" wird der erste Radiohit, den die Sender weit über das baden-württembergische Sendegebiet hinaus ausstrahlen.

Im gleichen Jahr begann die ausgiebige Zusammenarbeit mit Dieter Falk, der das Album „Unendlich mehr" als erstes von fünf Studio- und zwei Live-Alben produzierte. Durch seinen Perfektionsdrang wähnte sich PUR plötzlich in ganz anderen, höheren klanglichen Sphären. „Am Ende war das Resultat fantastisch. „Unendlich mehr", mit Stücken wie „Freunde",

„Brüder" etc, ist bis heute eine herausragend tolle Platte." (Roland)
Das Album „Nichts ohne Grund" wurde erstmals in den USA abgemischt und im Jahr 1991 veröffentlicht. Es enthält unter anderem Lieder wie „Lied für die Vergessenen" und „Mein Freund Rüdi". Hartmut wird für seine herausragenden Texte mit dem Fred-Jay-Textpreis ausgezeichnet. Und zum ersten Mal landet PUR mit „Lena" in den Single-Charts. Als große Überraschung erhielt das Album den Preis der deutschen Schallplattenkritik. Die darauf folgende Tournee lief wesentlich besser. Doch wurde auch diese nicht mit genügend Sorgfalt und Liebe promotet, so dass die Tour, insbesondere für Karsten Jahnke, kein echter „Bringer" wurde. Es gab einfach noch zu viele weiße Flecken auf der Landkarte, in denen man, wenn überhaupt, nur wenig von PUR gehört hatte. Da musste die Werbetrommel noch mächtig gerührt werden.

ZITAT

Wir waren spielgeil und haben uns so unser Publikum kontinuierlich erspielt. *(Joe)*

Text & Musik

„Wenn ich Texte schreibe, bin ich gar nicht gesellig. Das sind die Phasen, in denen ich zu Hause in mich gekehrt bin. Dann hat keiner etwas davon, um mich zu sein. Wenn ich außerhalb dieser Phasen unterwegs bin, möchte ich als Gegenextrem manchmal nur die Sau rauslassen. Mittlerweile bin ich in der Lage, auf den Punkt genau eine Platte zu betexten, die dann vom Inhalt sehr vielen Menschen etwas gibt und die Themen bringt, die Menschen emotional berühren. Heute weiß ich, dass es funktioniert und habe nicht mehr die Angst, es nicht zu schaffen oder dass mir nichts mehr einfällt. Ich schalte dann nicht mehr ab, sondern lasse es einfach mit diesem Grundvertrauen laufen, dass mir irgendwas einfällt. Aber ich empfinde das nicht als große Leistung, sondern ich rufe nur etwas ab, was in mich hinein gegeben wurde. Das ist ein Punkt, an dem ich an so etwas wie Gott glaube und vertraue. Ich sitze doch einfach nur da und mir fallen diese Sachen ein, die anderen Leuten nicht einfallen und das muss doch von irgendwo herkommen.

Dazu kommt natürlich noch die Fähigkeit, die Texte auf der Bühne und im Album entsprechend stark rüberzubringen. Mir ist bewusst, dass ich nicht viel für meine Fähigkeiten tun musste und sehr leicht davon lebe. Im Vergleich zu Ingo oder Stöcki, die über Jahre sechs bis acht Stunden täglich ihr Instrument übten, habe ich sehr, sehr wenig getan. Ich kam durch einen Zufall in diese Band und ich kann einige Talente beisteuern, die ich zufällig besitze. Allerdings bin ich nicht mit dieser Liebe zur Musik ausgestattet, wie z.B. der Martin, Ingo oder Rudi. Ich höre kaum Musik. Zu Hause höre ich eigentlich nur noch Kinderplatten und unheimlich gerne unsere neuen Sachen, bis es mir aus den Ohren quillt. Natürlich habe ich singen gelernt. Mit 20 musste ich zum ersten Mal Gesangsunterricht nehmen und meine Stimme trainieren, weil ich nach fünf Stunden Singen in den Ami-Clubs immer heiser war. Damals war ich noch kein guter Sänger, aber ich hatte das nötige Selbstvertrauen, um auf die Bühne zu gehen und die entsprechende Performance zu liefern. Heute bin ich oft zu faul und trainiere meine Stimme nicht, sondern halte einfach den Schnabel, um meine Stimmbänder regenerieren zu lassen. Im Studio singe ich sehr behutsam, doch wenn ich einmal warm und gut drin bin, kann ich mehrere Stunden am Stück singen. Auf Tourneen habe ich nie Probleme, weil ich mich rechtzeitig vorbereite und früh genug anfange zu trainieren. Heute weiß ich, wie der Muskel funktioniert und singe entsprechend sparsam. Durch verbesserte Monitor-Systeme ist das heute sowieso kein Problem mehr. Damit nie Probleme finanzieller Natur aufkommen, teilen Ingo und ich grundsätzlich die Rechte an Texten und Musik. Im Optimalfall brauche ich für einen Text zwei Stunden. Bei Ingo sind es für die Musik auch mal mehrere Wochen. Zur Musik trage ich ab und zu Melodie-Ideen bei. Doch ohne Ingo könnte ich nicht so gut sein – aber ich glaube, er auch nicht ohne mich. In diese fantastische Zusammenarbeit sind wir einfach hineingerutscht. Damals, als sie begann, hatten wir noch keine Familie, und die Freundinnen waren auch noch nicht das Wichtigste. Der Zusammenhalt der Band stand an erster Stelle, obwohl man belächelt wurde, wenn man sagte, man will Profi-Musiker werden.

Geschockt war ich, als ich in einer Zeitung in einer Traueranzeige vier Zeilen von unserem Lied „Gedanken" wiederfand. In diesem Lied aus „Abenteuerland" geht es um eine krebstote Freundin von uns, von der wir uns nicht richtig verabschieden konnten. Das fand ich schändlich und deswegen habe ich ein Lied darüber gemacht. Gespielt haben wir es aber nur einmal im Studio. In „Gedanken" gibt es vier Zeilen, die wie ein Nachruf klingen. Die habe ich mehrfach in Traueranzeigen gesehen. Wenn man das sieht, weiß man, wie sich ein Lied in die Gefühle der Menschen einmischt, dann wird man sehr vorsichtig beim Schreiben der Texte, um die Menschen nicht in die falsche Richtung hingehend zu beeinflussen." (Hartmut)

Text & Musik

„Ich bin kein Heiliger und ich bin auch kein Ungeheuer", und genau so sehe ich mich. Mich freut es, dass die Leute es gut finden, wenn ich solch außergewöhnliche Gedanken in meinen Texten preisgebe. Ob ich wirklich so bin, wie ich auftrete, oder wie ich in meinen Texten zu sein scheine, müssen andere beurteilen." *(Hartmut)*

PUR ZITAT

... ohne Ingo könnte ich nicht so gut sein – aber ich glaube, er auch nicht ohne mich. *(Hartmut)*

– Live, die 1. –

Den richtigen Riecher hatte 1991 Peter Cadera, damaliger A&R der Intercord. Er hat PUR damals überredet, ein Live-Album zu machen. Niemand sonst war anfangs von dieser Idee wirklich überzeugt. Zu groß war der Respekt vor den amerikanischen Überproduktionen. Doch Peter Cadera meinte vehement, dass es nicht auf die filigranen Fähigkeiten der einzelnen Musiker, sondern vielmehr auf den kraftvollen Gesamteindruck der Band ankäme: „PUR kommt live deutlich besser rüber als auf einem Studioalbum, also müsst ihr eine Live-Platte machen", redete Peter Cadera unaufhörlich auf die Band ein. Und wenn PUR zu dieser Zeit etwas drauf hatte, dann war es die Power auf der Bühne zu überzeugen. Keiner, außer Peter, war bis zum Schluss so richtig von dieser Live-Platte überzeugt, bis es eines Tages einen riesigen Schlag tat und das Album zur Überraschung aller unter den Top Ten der Albumcharts einschlug. „PUR Live" öffnete die Sinne und Ohren vieler Menschen, die zuvor mit PUR nichts oder nur wenig anfangen konnten. Auf dieser Scheibe klingt PUR nicht so glattgebügelt wie auf den Studioalben zuvor, sondern kraftvoll mit Ecken und Kanten, eben ›Live‹.

„Der große Einschnitt war die erste goldene Platte für „PUR Live", damals noch aus Vinyl. 250.000 Platten von einem Album zu verkaufen war das, was wir uns – vielleicht – zugetraut haben, wenn alles optimal läuft. Anfang der 90er, nach dem Open Air in Hockenheim, spürten wir, dass PUR eine Masse von Menschen begeistern kann. Mit dieser Erfahrung und durch den Erfolg der Liveplatte wuchs unser Selbstvertrauen. Im Grunde hat sich unser Erfolg von Platte zu Platte kontinuierlich gesteigert. Die erste Platte, „PUR", hatte sich ein Jahr nach der Veröffentlichung etwa 10.000 mal verkauft, „Wie im Film" 35.000 mal und „Unendlich mehr" machte einen großen Satz auf 130.000 Stück. Das war schon richtig viel und hat uns gesagt, dass wir vorne richtig mitmischen können. Wenn der Trend so weitergegangen wäre, was wir vermuteten, hätten wir mit der Platte „Nichts ohne Grund" eine Goldene schaffen müssen. Doch obwohl wir den ersten Single-Hit mit „Lena" hatten und das erste Mal in den Single-Charts waren, verkaufte sich die Platte in einem Jahr nur 170.000 mal. Da fragten wir uns schon, war das schon das höchste der Gefühle? Denn 170.000 waren immer noch nicht so viel, dass wir uns vernünftige Gehälter zahlen konnten, bzw. in Saus und Braus hätten leben können. Bei Tourneen durch 2000er- bis 3000er-Hallen musste hart kalkuliert werden. Wenn da mal 1000 Mark für jeden übrig blieben – was auch jeder bessere Tanzmusiker verdiente – dann war das schon eine ziemlich gute Gage. Aber die Eintrittspreise wollten wir trotzdem nicht hochschrauben, das waren wir unseren Fans schuldig. Wir hatten damals auch einen scheiß Plattenvertrag. Wir wussten, auf dem Niveau können wir uns nicht halten. Entweder es geht runter oder wir kippen das Ding nach vorne. Die Zufallsidee von Peter Cadera, eine Live-Platte zu machen, brachte endlich den ersehnten aber dringend notwendigen Durchbruch. Da waren wir innerhalb weniger Monate plötzlich bei 250.000 verkauften Platten. Bis heute hat sich „PUR Live" 1,2 Millionen mal verkauft. Nun dachten wir, jetzt können wir beruhigt alt werden. Wenn es jetzt nicht mehr klappt, dann können wir unseren Kindern zumindest sagen, wir haben alles versucht und das waren eure Papis damals mit der goldenen Platte und das haben sie immerhin hinbekommen. Doch dann kam die Platte „Seiltänzertraum" heraus, und das Staunen nahm kein Ende." (Hartmut)

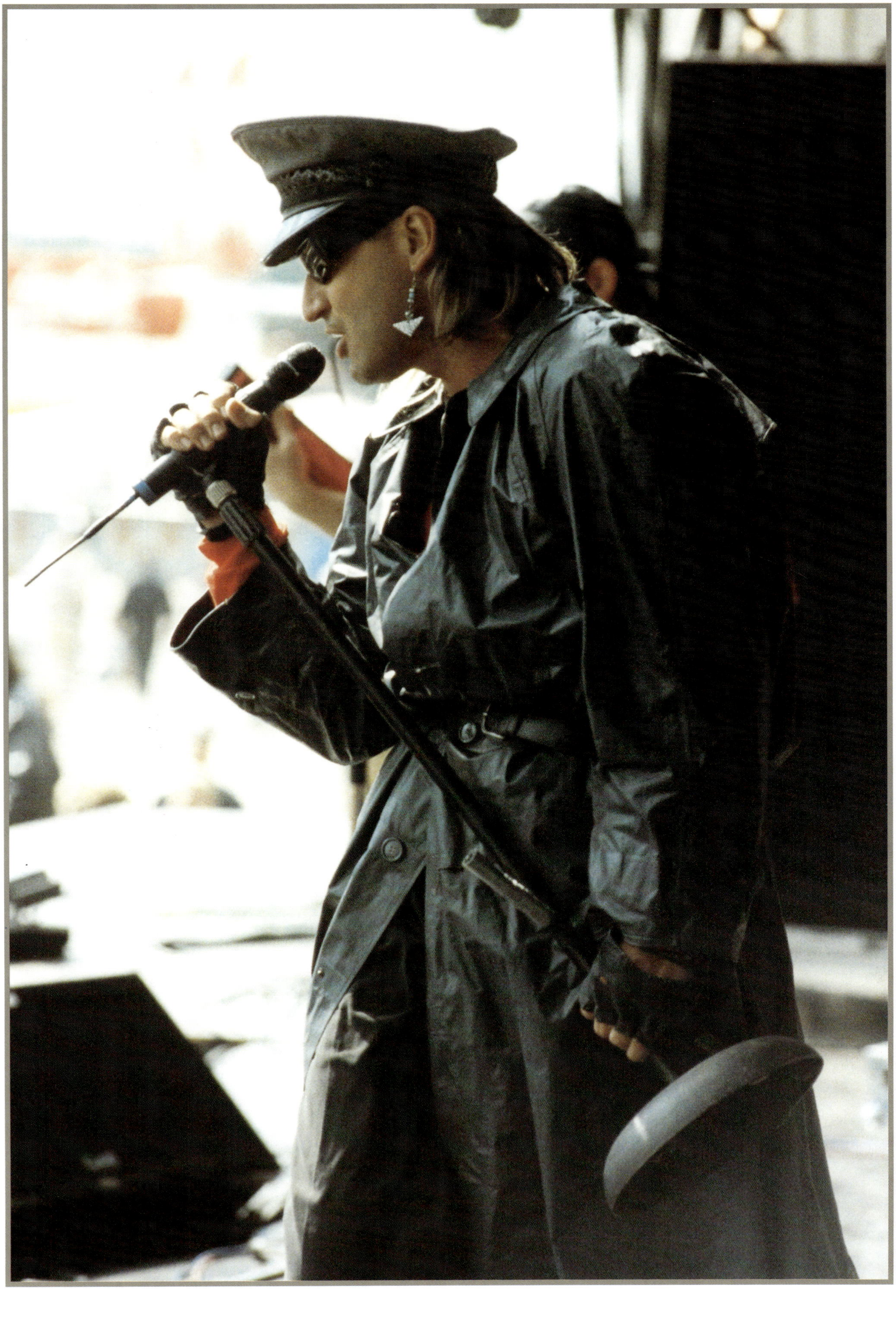

– Seiltänzertraum –

Kurz nach den Sommerfestivals '93 wurde das Album „Seiltänzertraum" veröffentlicht. Die Vorverkaufszahlen stiegen in bislang ungeahnte Höhen. Das Resümee war im Herbst eine völlig ausverkaufte „Seiltänzertraum"-Tournee sowie ein wunderschönes und zugleich erfolgreiches Album. In ganz Deutschland waren die Fans von der fantastischen Show begeistert. PUR spielte überall, in großen Städten, kleinen Städten und auf dem Land. Mit dem gigantischen Erfolg im Rücken folgte im Frühjahr '94 eine Fortsetzung der Tournee und im Sommer '94 noch einige Open Airs.

„Die CD Seiltänzertraum ging auf Anhieb (nur) bis auf Platz 2 und blieb fantastische 125 Wochen unter den Top 100 in den deutschen Albumcharts. Diese Platte zählt ohne Frage zu den Erfolgsbeispielen von Mundpropaganda, denn wir hatten damals immer noch kein riesiges Werbebudget, um diese Platte zu promoten. Sie wurde trotzdem ein Knaller, denn die Leute reichten die Platte im Bekanntenkreis herum. Ich selbst habe BAP und Grönemeyer auch erst kennen gelernt, als mir irgendein Bekannter sagte: „Das musst du dir jetzt unbedingt mal anhören." Mit Seiltänzertraum ist es uns gelungen, einen Volksknaller zu machen, der bei den Leuten herumgereicht wurde. Irgendwann waren über 1,5 Millionen Alben verkauft und wir konnten es überhaupt nicht fassen. Doch hatte ich damals in viel zu kurzer Zeit viel zu viel erlebt. Auf einer Platte

PUR ZITAT
... als ich mit der fertig gemischten Platte nach Hause kam, hatte mich meine erste Frau verlassen. *(Hartmut)*

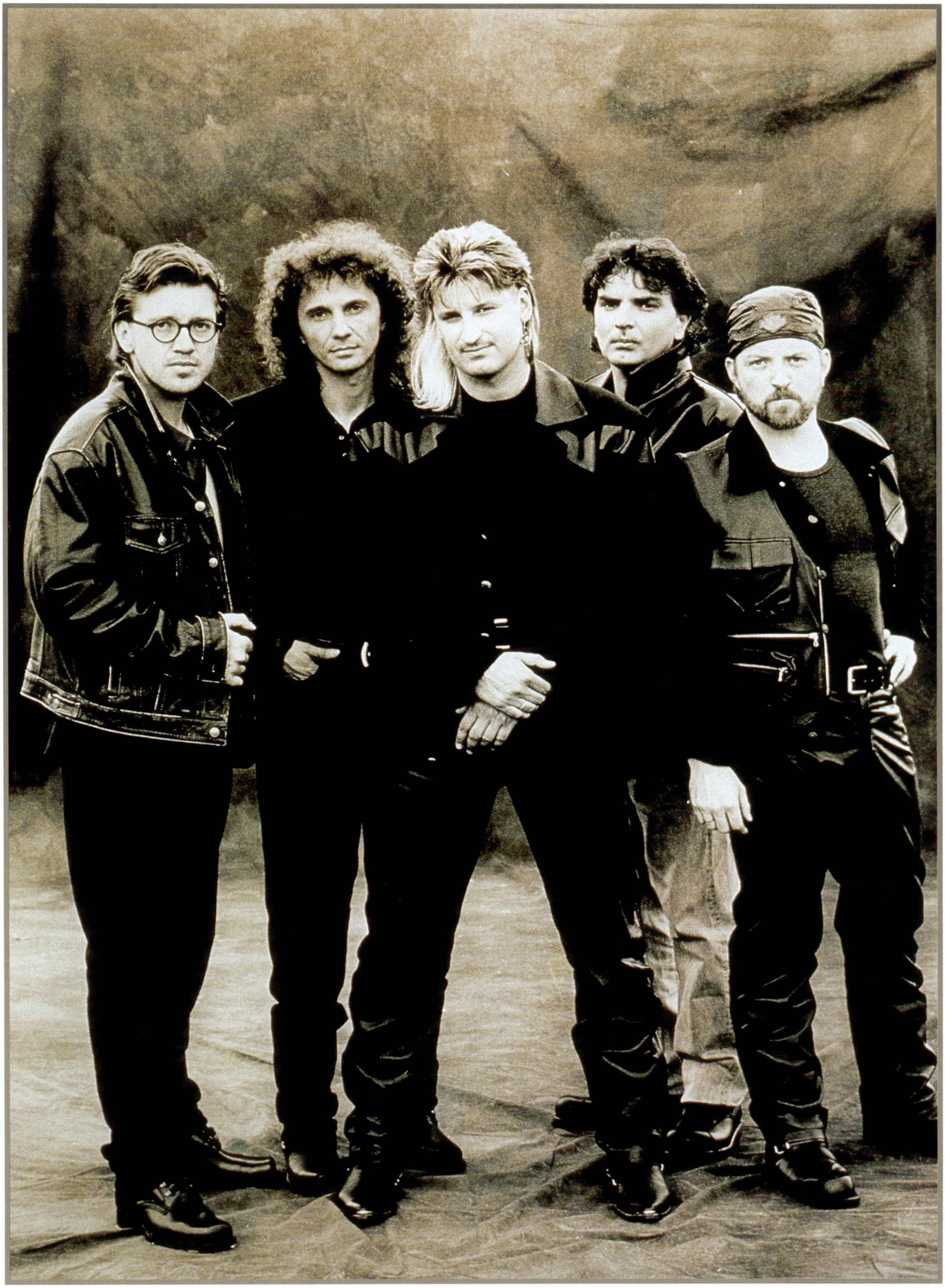

Seiltänzertraum

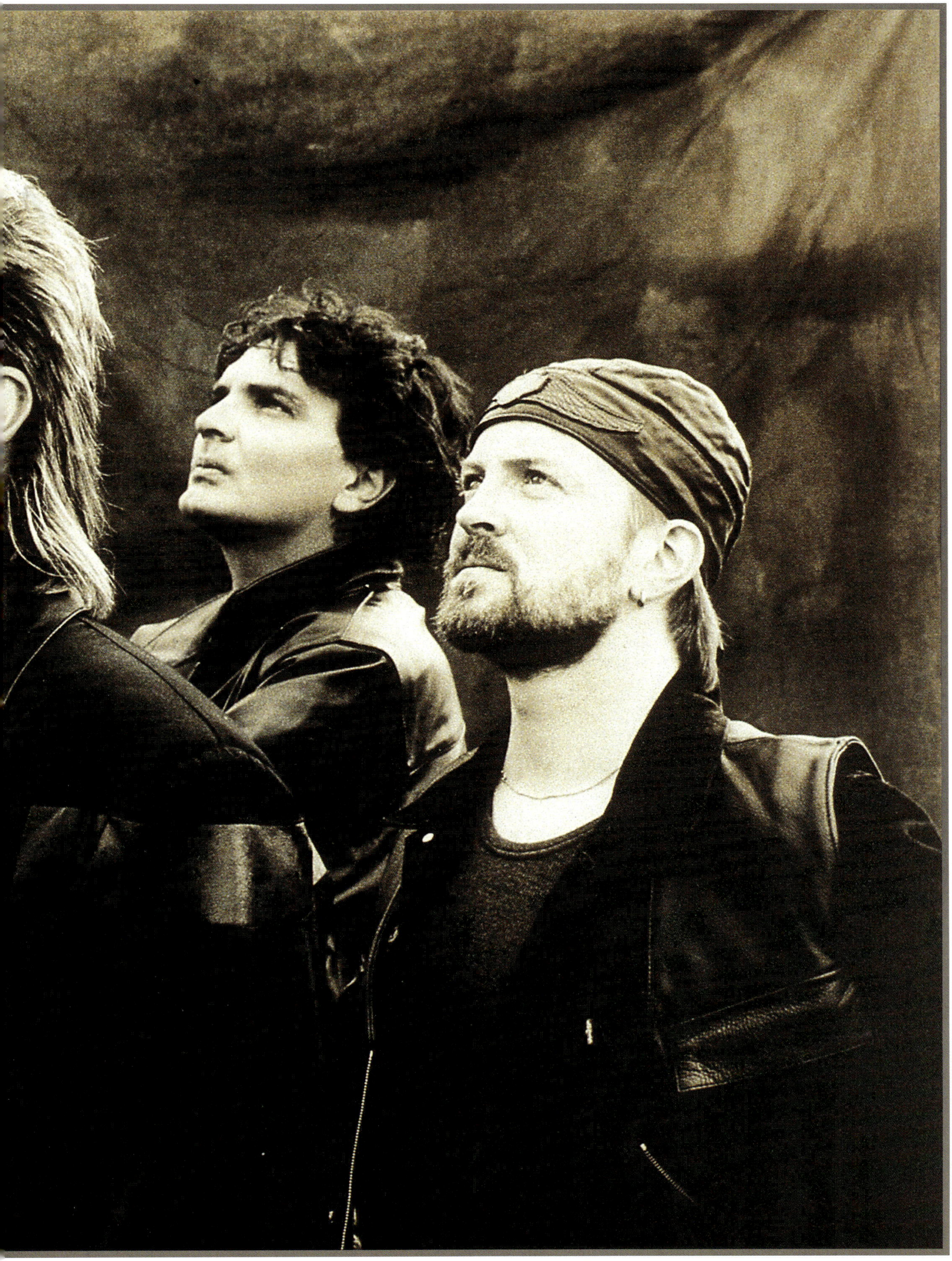

Seiltänzertraum PUR

schrieb ich: „Auf meiner Reise gab es wirklich viel zu sehen, hab vermutlich bei der Eile glatt die Hälfte übersehen." Im Nachhinein tat es mir tatsächlich wahnsinnig leid, dass ich in dieser wunderschönen Zeit, die ich super hätte genießen können, immer mit gesundheitlichen und privaten Problemen geplagt war. Als es richtig schön wurde beim Seiltänzertraum, als ich mit der fertig gemischten Platte nach Hause kam, hatte mich meine erste Frau verlassen. Da kann man sich vorstellen, dass es mich nicht mehr interessiert hat, die bestverkaufte Platte produziert zu haben. Ich war am Boden zerstört, musste auch noch Promotion-Termine machen und mir war ständig nur zum Heulen zumute. Abenteuerland ist sehr wahrscheinlich deshalb so gut geworden, weil ich in dieser Zeit so dramatische Sachen erlebte. Während der Seiltänzertraum-Tour habe ich mir dann auch noch den Arm gebrochen und musste sie unterbrechen. Meine Hand war drei Monate lahm gelegt und trotzdem war ich bald wieder auf Tour. Da blieb nur der halbe Spaß." (Hartmut)

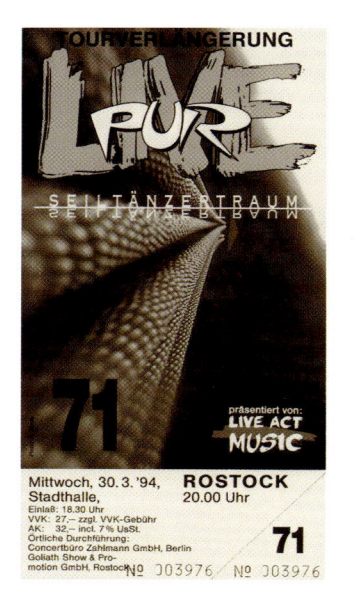

Erstmals erhält PUR '94 von Dieter Thomas Heck die ›Goldene Stimmgabel‹ und von RTL den ›Goldenen Löwen‹. Anfang '95 wird PUR mit dem ›ECHO‹ ausgezeichnet.

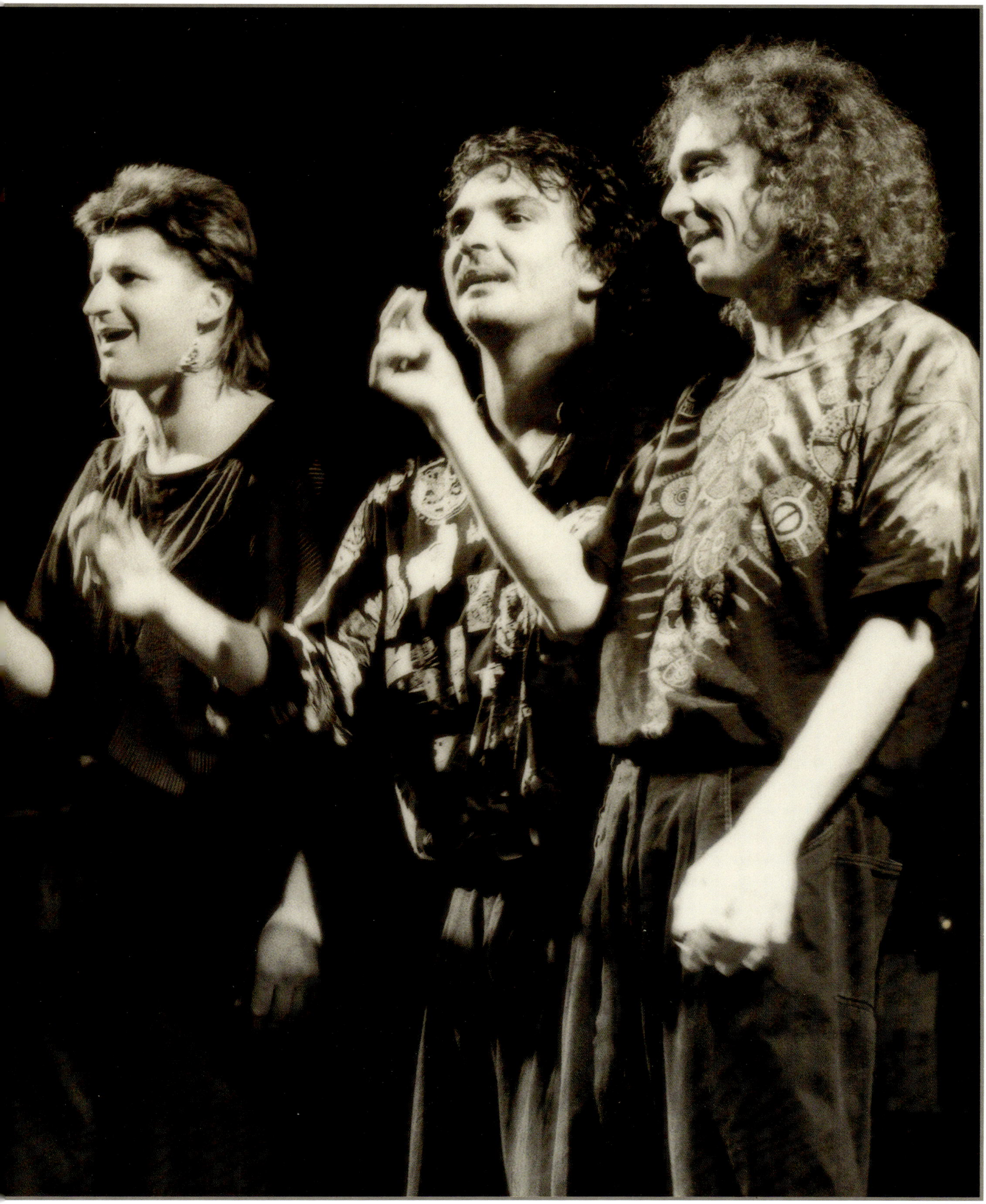

– Abenteuerland –

„Nach dem riesigen Erfolg von Seiltänzertraum stand die schwere Aufgabe ins Haus, einen entsprechenden Nachfolger zu produzieren. Die meisten Leute sagten gleich, wenn ihr die Hälfte schafft, könnt ihr euch glücklich schätzen. Und dann haben wir mit „Abenteuerland" sogar 2,3 Millionen Platten verkauft. Da wusste sowieso keiner mehr wo hinten und vorne ist. Das war genau der Punkt, wo ich eine Pause gebraucht habe – meine Frau Claudia schwanger war, ich 103 Kilogramm fett und mich selber nicht mehr sehen konnte. Bei der Abenteuerland-Tournee war alles so groß. Man musste sich an diese neue Dimension gewöhnen, wie in einem Stadion zu spielen. Auch band-intern hatten wir eine harte Zeit." (Hartmut)

„Durch meine Doppelbelastung, gleichzeitig als Musiker auf der Bühne zu stehen und im Management tätig zu sein, war ich absolut an der Grenze des für mich Machbaren angekommen. Die Aufgaben und die Verantwortung des Geschäftlichen konnte und wollte ich nicht von heut´ auf morgen loswerden. Es mussten ja auch erst einmal wirklich gute Leute gefunden werden, die die Band auch akzeptierte. Für mich war es seinerzeit sehr schwierig, immer den Überblick zu behalten. Im Taumel des Erfolges und des Leistungsdruckes habe ich der Band – wohl begleitet mit einem extragroßen Schuss Egoismus – sehr viel, wenn nicht sogar zu viel zugemutet. Unzufriedenheit und Reibereien waren die Folge. Es musste etwas passieren!

Die logische Konsequenz war eine längst notwendige Entlastung, zunächst im musikalischen Bereich. Mit dem Martin Stoeck als Co-Drummer hatte ich zunächst wieder den Rücken frei. Menschlich und musikalisch passte er zur Band. Ich selbst spielte ab diesem Zeitpunkt bei der Hälfte des Konzerts Percussion und Gitarre – das Instrument, das mich sowieso schon seit eh und je begeisterte. Einmal ganz vorn am Bühnenrand zu stehen war völlig ungewohnt, nach einer gewissen Eingewöhnungsphase aber tierisch. Die Rolle des Schlagzeugs ist für das Band-Zusammenspiel deshalb so herausragend, weil es den Orientierungsmittelpunkt für alle anderen Musiker darstellt. Insofern hatte ich persönlich weniger Last zu tragen und alle zusammen hatten wir wieder viel mehr Spaß auf der Bühne.

Im geschäftlichen Bereich haben wir mit Uli Roth, Uwe Dittus und Günter Liebherr eine ebenso menschlich passende, wie fachlich kompetente Erweiterung für Live Act Music gefunden." (Roland)

„Bei uns fliegen zum Glück nur selten die Fetzen, wir sind nicht solche Typen. Im Nachhinein sieht man die Zahlen, den Erfolg, und erinnert sich hauptsächlich an die guten Sachen. Man vergisst schnell das Negative. Zwischendurch goss ich mir gerne Whisky ins Bier und die Nächte wurden immer heftiger. Nach der Abenteuerland-Tour sah ich mir mit meiner Frau das Video an. Claudia hatte einen dicken Bauch

> **ZITAT**
> Als wir das erste Mal in der Frankfurter Festhalle spielten, ...da ging mir richtig die Muffe. (Joe)

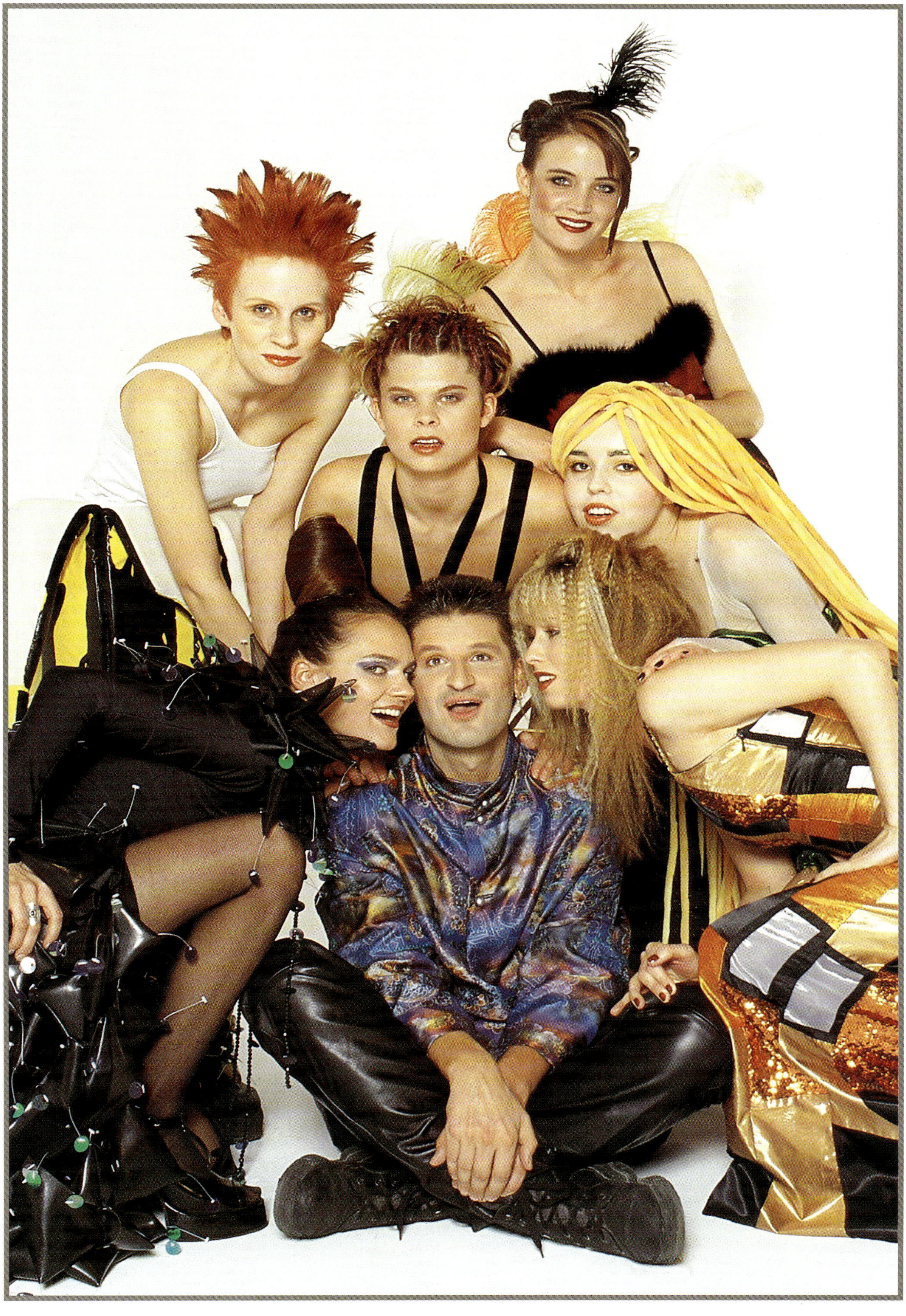

Abenteuerland

und ich hatte auch einen. Da bin ich zum Arzt, der, nachdem er mich kräftig durchgecheckt hatte, nur noch meinte, dass meine Körperwerte für einen 35-Jährigen verheerend seien. Ich hätte die Werte eines Menschen, der in den letzten Jahren nicht sehr auf sich aufgepasst hat. Ich sagte, ja, das stimmt, ich hatte Besseres zu tun, aber das wird sich jetzt ändern. Am nächsten Tag hatte ich bereits ein Heilfastenbuch, fing an konsequent zu joggen und schaffte mir in den nächsten drei Wochen 15 Kilo runter. Vor dem Fototermin für „Mittendrin" habe ich wieder 14 Tage Heilfasten gemacht. Denn ich litt schon unter dem Jojo-Effekt und hatte wieder knapp über 90 Kilo drauf. Jetzt sind es 84 Kilo und damit geht es mir gut. So habe ich doch noch eine Möglichkeit entdeckt, ein paar Jahre älter zu werden." (Hartmut)

„Wenn wir ein neues Programm am Start haben, bin ich immer total nervös. Erst wenn es nach den ersten drei bis fünf Gigs läuft, werde ich allmählich ruhiger. Als wir das erste Mal in der Frankfurter Festhalle spielten, das war in der Verlängerung der Abenteuertour, da ging mir richtig die Muffe. Es war ein Zusatzkonzert für ein ausgefallenes Konzert in Hanau, weil dort vom Veranstalter Sicherheitsbestimmungen missachtet und demzufolge zu viele Karten verkauft worden waren. Ich stand auf dieser riesigen Bühne mit Herzflattern. In so einer großen Halle hatten wir bis dahin noch nicht gespielt, und eine Halle ist noch mal etwas ganz anderes als ein Open Air. Da waren über 10.000 Leute drin, und die waren alle wegen uns da! Als wir früher andere Musiker und Bands in der Frankfurter Festhalle ansahen, haben wir uns immer gewünscht, einmal hier aufzutreten, und auf einmal war es so weit. Als wir nach der Abenteuerland Hallentournee erstmals eine Open Air-Tournee wagten, war das noch mal ein riesiger Schritt für uns. Insbesondere das erste Konzert im Düsseldorfer Rheinstadion mit der Liveübertragung in Premiere war das Highlight schlechthin. Da das Samstagskonzert schon ausverkauft war und noch immer große Nachfrage herrschte, entschieden wir uns, den Freitag dazuzunehmen, da allerdings nur den Innenraum zu öffnen. Danach kamen massig Beschwerden, warum wir denn nicht die Ränge aufgemacht hätten, denn die Kinder hätten so schlecht gesehen. Das hatten wir damals nicht bedacht. Die Show am Samstag darauf war etwas ganz Besonderes. Nicht nur, dass das Stadion mit 60.000 Menschen ausverkauft war, an den deutschen Fernsehern konnten nochmals eine Million Abonnenten dabei sein. Auch wenn sie nicht alle zusahen, es werden sicher einige dabei gewesen sein. Und das alles wirklich live – und du weißt, wenn du dich jetzt vertust, dann geht das gnadenlos über *den Sender. Jedoch hat uns das so motiviert, dass es eines unserer besten Konzerte überhaupt wurde. Die „Mächtig viel Theater"-Tour haben wir wieder im Rheinstadion abgeschlossen."* (Joe)

Das 1995 veröffentlichte Album „Abenteuerland" ist bis heute das erfolgreichste PUR-Album. Bereits vor der Veröffentlichung war es mehr als 500.000 mal bestellt. Sofort belegte es mehrere Wochen Platz 1 der Album Charts, doch sprengte es schließlich mit 2,5 Millionen verkauften CDs alle Erwartungen. Die anschließende Hallen- und Open Air-Tournee war restlos ausverkauft. Nur die größten Hallen und Stadien konnten die Fanmassen aufnehmen, wobei man z.B. die Frankfurter Festhalle dreimal hintereinander ausverkaufte. Mehr als eine Million Fans ließen sich bei dieser Tournee ins Abenteuerland entführen. Damit katapultierte sich PUR endgültig in die Reihe der deutschen Superstars. Doch blieb die Bodenhaftung trotz des gigantischen Erfolgs immer bestehen. Dafür hatte man lange genug in bescheidenen Verhältnissen gearbeitet. Als krönenden Abschluss der Abenteuerland-Epoche veröffentlichte PUR '96 das Album „Live – die Zweite", ein Live-Video des Konzerts im Düsseldorfer Rheinstadion und eine zweiteilige Bandchronik auf Video. Ausgezeichnet werden sie mit dem ›ECHO‹, der ›Goldenen Stimmgabel in Platin‹, der ›Goldenen Kamera‹ und dem ›Bambi‹.

Bei uns fliegen zum Glück nur selten die Fetzen, wir sind nicht solche Typen. *(Hartmut)*

Abenteuerland

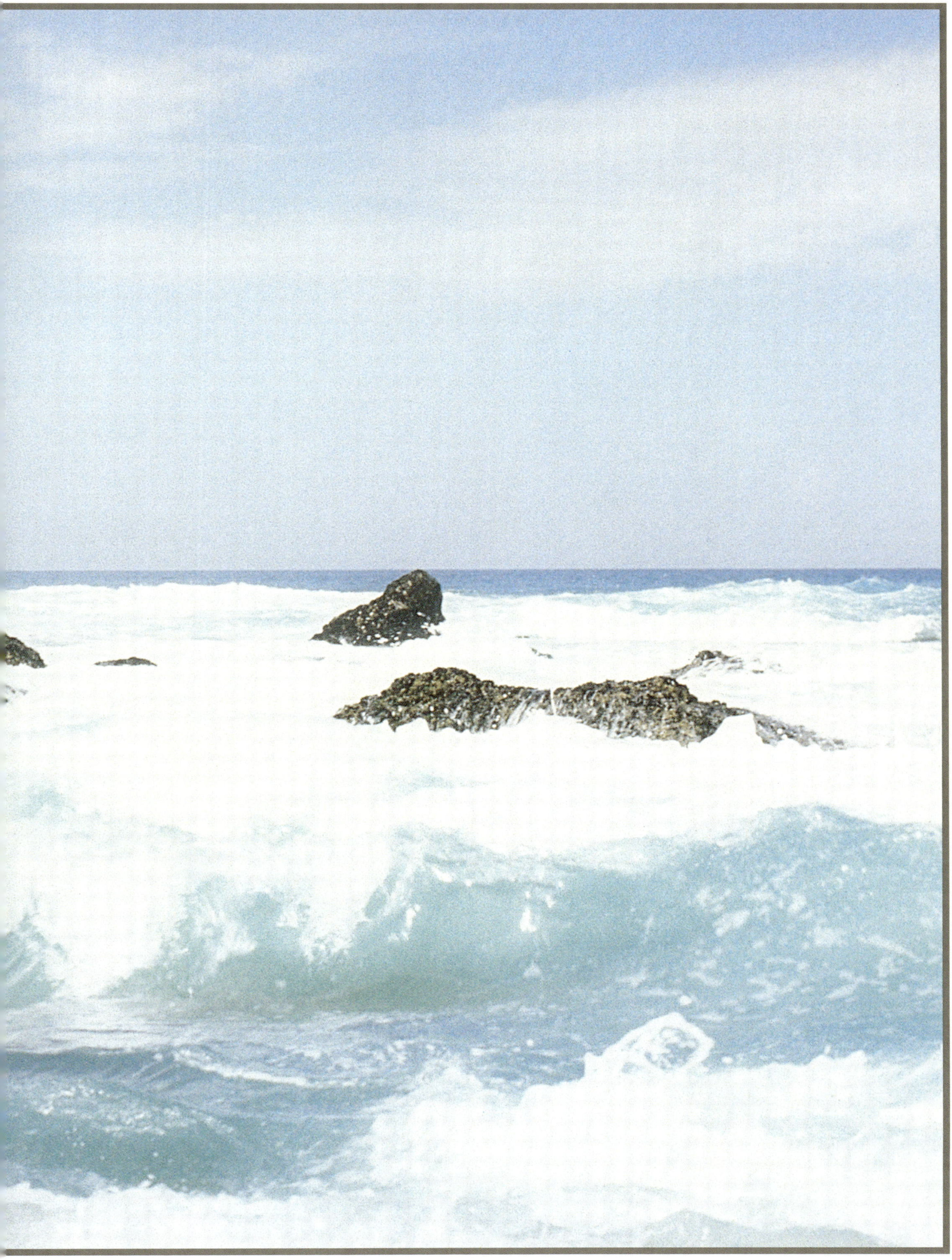

Management PUR

Uli Roth, der Manager der Band PUR, hat im März 1997 die Zügel in die Hand genommen, um mit seinen Partnern und Mitarbeitern die Unternehmen PUR und Live Act Music ganz massiv nach vorne zu treiben. Schon als Kapitän und Rekordnationalspieler der Deutschen Handballnationalmannschaft bewies er seine Führungsqualitäten. PUR lernte Uli bei Radio Regenbogen kennen, wo er als Promotionleiter und später als Marketingleiter arbeitete. 1996 kam seitens PUR die Anfrage, bei Abenteuerland mitzuarbeiten und mitzuhelfen.

Allererster Manager der Band war übrigens Tom Schwille. Seine Nachfolge trat für ein halbes Jahr Rudi Buttas an, doch der wollte sich wenig später doch lieber auf die Musik konzentrieren. Anfang der 80er hat Roland Bless das Heft in die Hand genommen, was sich für die Band sehr schnell in Form von deutlich mehr Gigs niederschlug. 1991 entschied er, sich von Karsten Jahnke zu trennen und zugleich die Konzertagentur „Live Act Music" – kurz LAM – aufzumachen. LAMs erste Tournee war die Tour zum Album „PUR Live". Es folgten die sehr erfolgreichen Tourneen Seiltänzertraum und Abenteuerland. Doch mit Abenteuerland war für Roland Bless der Grad des Machbaren 1996 überschritten.

„Wenn wir unterwegs sind, möchte ich, dass es ganz entspannt abläuft und kein Nervenkrieg mehr stattfindet. Ich hasse es, wenn einer unnötigen Stress verbreitet. Bei so vielen Leuten gibt es immer kleine Streitigkeiten. Ich habe keine Lust mehr, jeden Kleinscheiß wie früher mit jedem auszudiskutieren. Oft macht so

etwas der Uli für mich. Ich bin härter geworden und habe besser kapiert, was mich glücklich macht und was ich habe und brauche. Heute ist mir der Weg wichtiger als das Ziel." (Hartmut)

Die Aufgabenfelder von Uli Roth sind derzeit das persönliche Management der Band, das Tourmanagement, was heißt, sich um die Organisation der Tournee zu kümmern von der Buchung der Spielorte bis hin zu den Gesprächen mit den örtlichen Veranstaltern und den Sponsoren. Dazu kommt der sehr enge Kontakt zur Plattenfirma. „Da wird nichts dem Zufall überlassen", sagt der PUR-Manager. „Es ist absolut wichtig, wo unsere Werbung läuft, und darauf nehmen wir sehr starken Einfluss." In seine Verantwortung fällt auch das Marketing als solches, der Kartenvorverkauf und die Fanbetreuung. „Wir arbeiten sehr stark mit den Fans zusammen, denn wir wollen ihnen das Gefühl geben, dass sie bevorzugt behandelt werden." (Uli Roth)

Neben der beruflichen Qualifikation ist vor allem die menschliche Komponente für eine Mitarbeit bei PUR entscheidend. Wer in dieses Team menschlich nicht hineinpasst, hat auch keine Chance, sagt der Manager: „Wichtig ist der intensive Kontakt zum eigenen Team. Wir arbeiten hier alle ganz eng zusammen. Allerdings mache ich das alles nicht alleine, sondern habe mit Günter Liebherr, der fast alle Verträge abschließt, Uwe Dittus, der für das Merchandising zuständig ist, Kiki Kesselring und Daniela Maucher als Assistentinnen der Geschäftsleitung, Larry Litter als Promotion- und Marketingleiter, Peter Brosi als Sicherheitsberater und René Friedrich als Bandbetreuer ein Team von sehr kompetenten Leuten am Start. Das ist für mich ein ganz wichtiger Aspekt und da spielt das persönliche Verhältnis eine ganz wichtige Rolle. Dazu kommt das Vertrauen der Band, aber das ist ganz offensichtlich da." Der einzige Freiraum, der ihm derzeit bleibt, ist das Familienleben. „Ich habe zwei wunderbare Töchter und eine sehr verständnisvolle Frau, ohne die ich dieses Leben so nicht genießen könnte."

Uli Roth hat als Manager von PUR seinen Traumberuf gefunden: „Die verschiedenen Sachen, die den ganzen Tag ablaufen, die auf mich einstürzen, das alles zu organisieren, das brauche ich. Doch ich bin froh, dass ich für und mit einer Band arbeite, die sehr bodenständig ist. Wenn man sieht, wie erfolgreich PUR ist und wie sie die Musik lieben, da macht es einfach Spaß, gemeinsam neue Wege zu bestreiten."

„Anfangs machte ich die Pressearbeit und die Koordination der VIPs. Doch wenig später wollte man mich auch als Betreuer der Band haben, was mir die Möglichkeit eröffnete, das ganze Umfeld von PUR besser kennen zu lernen. Das konkrete Angebot, fest bei PUR einzusteigen, folgte dann im März 1997, was ich damals schweren Herzens und aus heutiger Sicht Gott sei Dank annahm." (Uli Roth)

Management

– Mächtig viel Theater –

Nach dem gigantischen Erfolg von Abenteuerland wird '97 massiv und mit höchsten Ansprüchen in Deutschland und den USA an dem neuen Album „Mächtig viel Theater" gearbeitet. Im November geht die Single „Wenn du da bist" an den Start und erzielt als bis dahin erfolgreichste PUR-Single eine Goldene Schallplatte. Zuvor hatte man bereits 4-fach-Platin für „Abenteuerland", 3-fach-Platin für „Seiltänzertraum", Doppelplatin für „Live – Die Zweite" und Gold für das gleichnamige Video erhalten. Im Januar '98 wird das noch im selben Jahr mit Doppelplatin ausgezeichnete Album „Mächtig viel Theater" veröffentlicht und erreicht sofort Platz eins in den deutschen Charts. Besonderes Aufsehen erregt das in Zusammenarbeit mit dem autistischen Autor Birger Sellin entstandene Lied „Ich will raus hier" und der Song „Kinder sind Tabu", in dessen Text Hartmut gegen jegliche Form von Kindesmissbrauch Stellung bezieht.

„Nach Abenteuerland haben wir uns drangesetzt, eine Platte zu machen, die uns mit recherchierten Texten wie „Kinder sind Tabu" oder der Geschichte mit dem Autisten „Ich will raus hier" etwas mehr forderte. Wir hatten nach dem Riesenerfolg den Drang zu zeigen, wie unglaublich gut wir sind und haben es dabei eventuell ein wenig übertrieben, trotzdem wurde die CD ein sehr erfolgreiches PUR-Album. Für „Mittendrin" hat Ingo jetzt angefangen lockere Popsongs zu schreiben und ich musste mich dafür auch nicht mehr so quälen. Irgendwie war das Texten diesmal sehr locker und die richtigen Worte flogen mir gedanklich einfach nur so zu. Jetzt haben wir eine schöne Mischung ohne politische oder gesellschaftskritische Themen. Auf „Mittendrin" gibt es auch kein bestimmtes Thema – was mich ein bisschen zum Durchatmen bringt. Die Interviews werden bei der neuen Platte ganz anders ausfallen. Wenn dann wieder die berühmte Frage zu

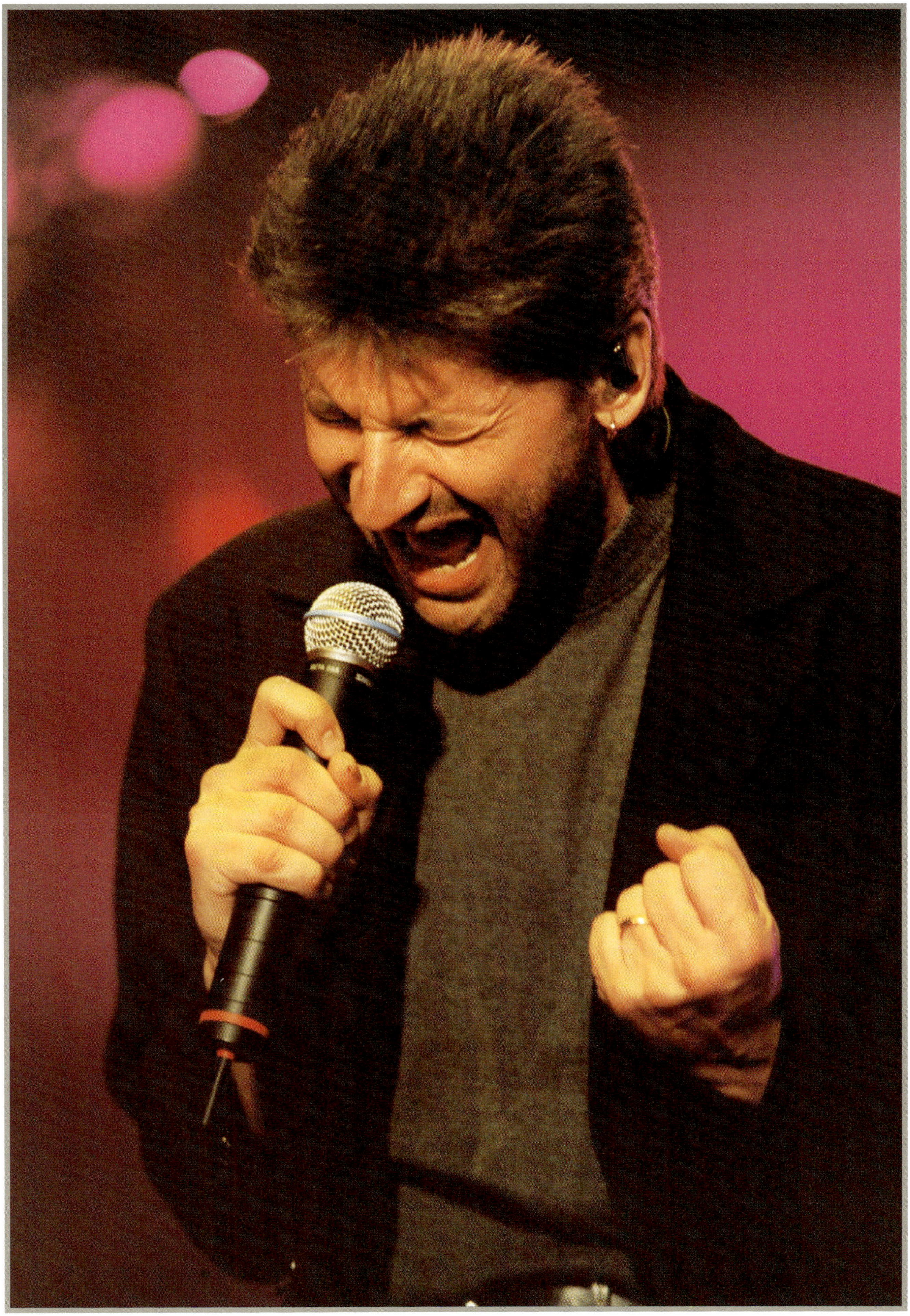

Mächtig viel Theater PUR

den Themen der Platte kommt, kann ich antworten: Gott und die Welt und das Leben, wie ich es seh', aber lasst uns doch lieber über was anderes reden. Alanis Morrisette sagte auf einer DVD im Interview: „Die Songs fliegen mir alle nur so zu, deswegen ist es auch nicht nötig drüber zu reden." Ich bin ja froh, dass die Leute von der Presse was schreiben wollen, und mir ist auch klar, dass es schwer ist, aber mir würde die Grundinformation reichen: Habt ihr es schon gehört? Die neue PUR-Platte ist da, mit schönen Fotos und tollen Songs! Freut euch darauf, kauft Tickets und viel Spaß mit der Platte!" Das würde mir als Pressemeldung in jeder Zeitung vollkommen reichen." (Hartmut)

„Hartmut ist eigentlich sehr realitätsbezogen, denn seine Geschichten hat er meistens erlebt. Doch so ein Text wie „Gib sie her" war für ihn damals Neuland, das er für mein Gefühl erstklassig erobert hat. „Mächtig viel Theater" ist für mich ein riesiges Album, doch denke ich, es ist für den „normalen" Konsumenten zu sperrig und schwierig. Kinder waren damals einfach unser Thema, aber viele Fans konnten damit nichts anfangen. Und so gab es besonders unterschiedliche Meinungen. Es war sicher nötig, dass sich Ingo und Hartmut auf diesem Album in kreativer Hinsicht austoben konnten, doch noch so ein sperriges Album wäre für unsere Fans zuviel des Guten. „Mittendrin" ist einfacher strukturiert, doch sind durchaus auch neue PUR-Töne zu hören. Das Lied „Bei dir sein" wird bestimmt so ein Ohrwurm. Bevor wir zur Fotosession nach Mallorca sind, waren die Chefs von sieben Radiostationen bei uns und haben sich das Album „Mittendrin" angehört. Sie sollten sagen, welcher Titel ihnen als erste Single am besten gefällt. Ihr Votum fiel einstimmig auf „Herzbeben". (Joe)

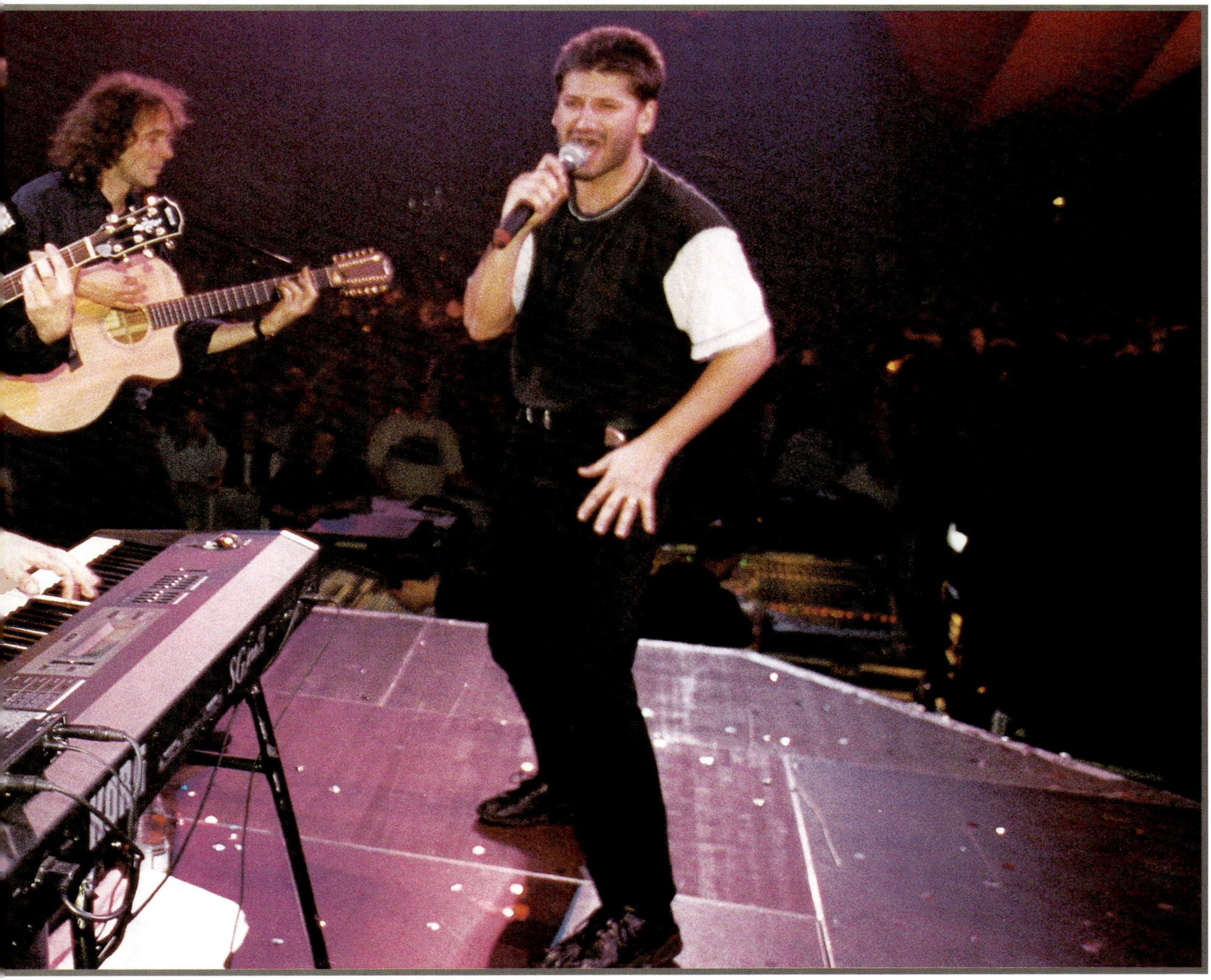

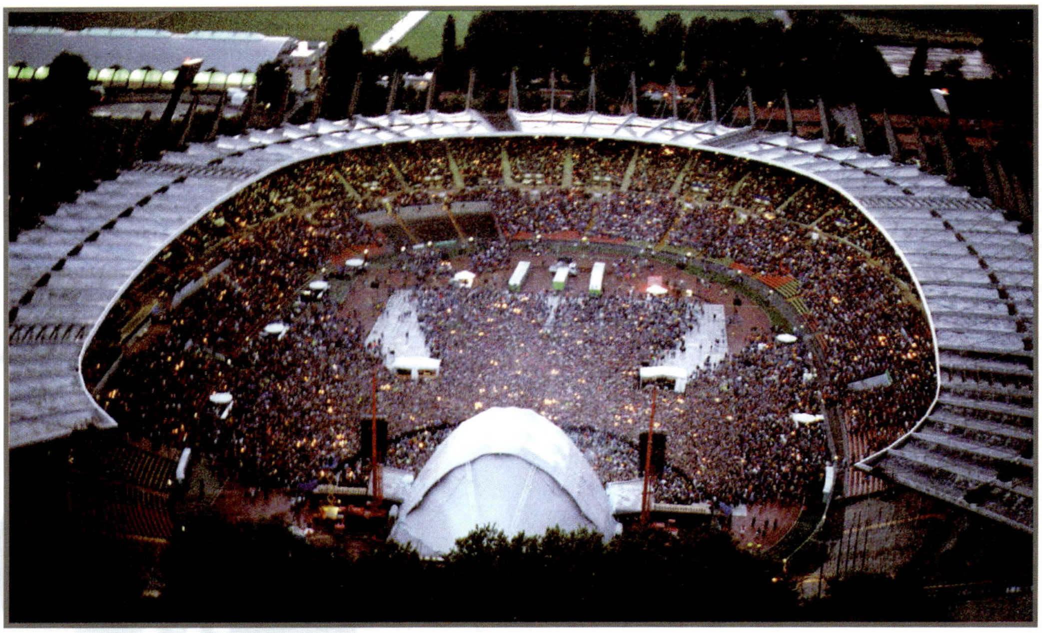

– PUR 2000 – Mittendrin –

> **ZITAT**
> Die Ansagen probe ich für mich beim Joggen, zwar nicht Wort für Wort, aber ich übe. *(Hartmut)*

PUR beginnt das Jahr 2000 mit der Single „Adler sollen fliegen". Die musikalische Hymne zur Skisprungweltmeisterschaft geht von 0 auf Platz 9 der Single Charts und ist damit der höchste Direkteinstieg, den PUR bislang mit einer Single verbuchen konnten. Doch steht die Single „Herzbeben" als Vorbote des neuen Albums nicht nach. Auch ihr gelingt der Sprung von 0 auf Platz 9. Am 11. September ist es endlich soweit: Das von PUR produzierte Album „Mittendrin" erscheint und schießt von 0 auf 1 in den Album Charts. Zugleich ist „Mittendrin" das Motto der Tournee 2000, die am 27. Oktober offiziell in der Münchner Olympiahalle beginnt und nach 40 Konzerten am 23. Dezember in der Stuttgarter Hanns-Martin-Schleyerhalle endet. PUR ist bei den Konzerten mitten unter den Fans, denn die Rundbühne steht mittendrin.

„Die Konzeption einer Tournee machen wir gemeinsam mit BNS, das ist die Produktionsfirma von Tom, Frieder und Reiner. Die holen die nötigen Firmen zusammen und sie holen die Kostenvoranschläge ein. Bei der Planung werden natürlich unsere Wünsche berücksichtigt. Für die „Mittendrin"-Tournee ist eine Rundbühne geplant, die in der Hallenmitte positioniert

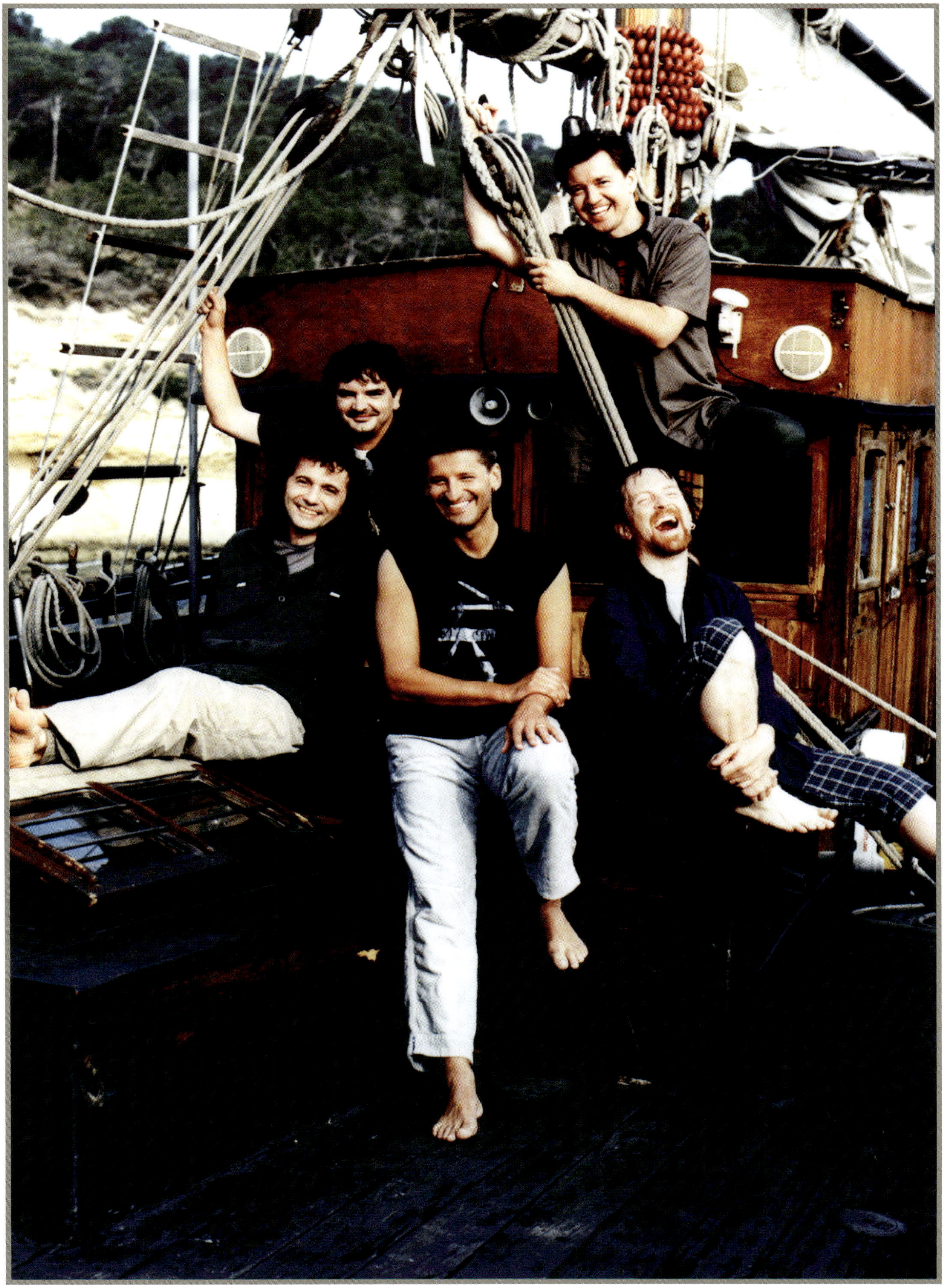

PUR 2000 – Mittendrin

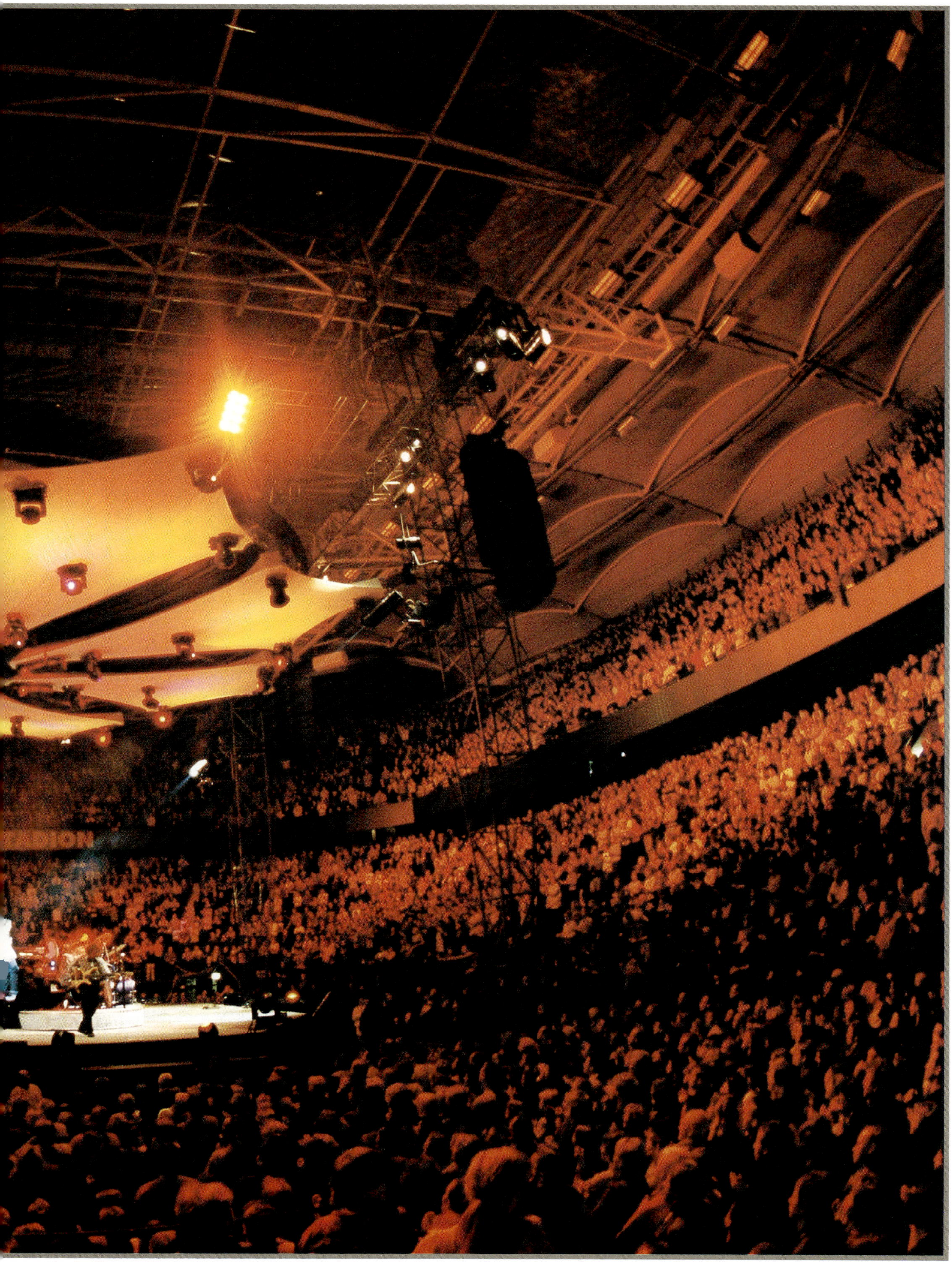

PUR 2000 – Mittendrin

wird. Da wird visuell etwas ganz anders als bisher passieren. Akrobaten haben wir beispielsweise ins Auge gefasst. Die optimale Gestaltung des Programmablaufs bestimmen wir. Kein Fan sollte, bevor die Show zu Ende ist, auf die Uhr geschaut haben. Es darf nie Leerlauf in unserer Show auftreten. Was die Konzertphilosophie angeht, sind meine Ansagen eine sehr wichtige Komponente. Darüber mache ich mir sehr viele Gedanken. Einige Fans finden es blöd, wenn ich sie immer gleich mache, aber das gehört eben zur Show. Ich weiß, dass meine Ansagen gut sind, und wenn nicht, werden sie ausgetauscht. Da wird auch innerhalb der Band drüber gesprochen. Es kommt auch mal was Spontanes, aber ich habe einen roten Faden, der mich durch das Programm führt. Die Ansagen probe ich für mich beim Joggen, zwar nicht Wort für Wort, aber ich übe. Wenn du die Menschen von einer Stimmung in die nächste Stimmung führen willst, musst du genau wissen, was du zu sagen hast. Da war mein großes Vorbild immer Herman van Veen. Der beherrscht das wie kein Zweiter. Ihn habe ich mal ausgiebig studiert. Wenn man zwischen zwei Songs gar nichts sagt, ist die Verwirrung groß, jedoch darf man auch nicht zu viel sagen. Die Spannung darf nicht unterbrochen werden. Die Leute klatschen aus und da muss es weitergehen, es darf keine Pausen geben. Ich stehe auf der Bühne total unter Strom und will die Leute unter keinen Umständen aus dieser Spannung und Atmosphäre herauslassen. Um so mehr bin ich jetzt auf die „Mittendrin"-Tournee gespannt, wie es mit einer Mittelbühne funktioniert. Da kann ich nämlich nicht ständig für alle präsent sein, dennoch kann es sehr gut werden, weil alle relativ nah dran sind. Lassen wir uns überraschen!" (Hartmut)

2001 feiert die Band ihr 20-jähriges Bestehen, unter dem Namen PUR treten sie dann bereits fünfzehn Jahre lang auf und das wird mit Sicherheit unter freiem Himmel mit allen Fans gefeiert. Aber lassen wir uns auch diesbezüglich von PUR überraschen!

ZITAT

Kein Fan sollte, bevor die Show zu Ende ist, auf die Uhr geschaut haben. *(Hartmut)*

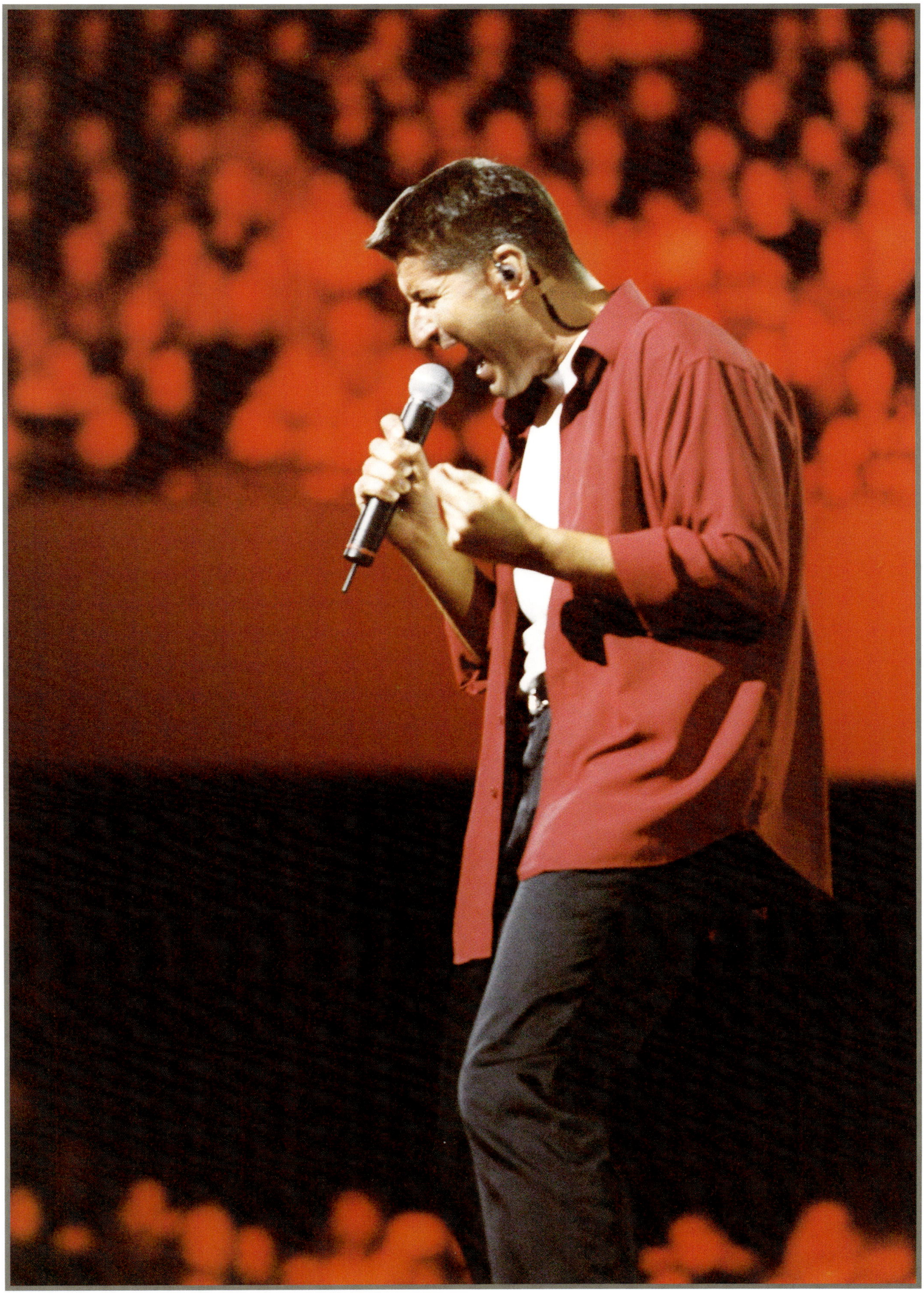

– wortwörtlich –

Presse Heimat Freiheit Freundschaft Träume Fans
Deutsche Sprache Soziales Engagement Familie Studioarbeit
Auf Tour Wir gehören allen TV Leidenschaft Internet

Presse

Unsere Presse war in den letzten Jahren meist negativ. Aber auch daran gewöhnt man sich. Wenn PUR den mit Weisheit gesegneten, allwissenden Kritikern mit göttlichem Geschmack nicht gefällt, dann haben die eben Pech gehabt. Unsere Konzerte finden übrigens die meisten Schreiberlinge durchweg schlecht. Im Prinzip schreiben sie alle zwei Jahre das Gleiche. Glücklicherweise war es nicht die Presse, die uns groß machte, sondern unsere Fans. Wir werden uns garantiert nicht ändern, egal was die schreiben und berichten. (Ingo)

Ich hatte mal ein Interview mit dem Musikexpress, der uns eigentlich schon immer gehasst hat. Nachdem wir Stunden zusammengesessen hatten, wurde ich plötzlich gefragt: „Das gibt es doch gar nicht, dass du immer so nett bist! Gibt es denn keine Situation, wo du ein richtiges Arschloch bist?" Darauf antwortete ich, dass ich manchmal zu viel trinke und mich dann blöd benehme, „aber das liegt daran, dass ich die Kurve nicht mehr kriege. Dafür entschuldige ich mich am nächsten Tag. Aber so ein richtiges Arschloch sein, das gibt es bei mir nicht." Das passte nicht zu seinem Weltbild, dass ein Mensch, der Rockmusik spielt, ganz normal ist. Wenn irgendwo etwas Schlechtes über uns geschrieben wurde, habe ich mich immer zuerst darum gekümmert, wie hoch die Auflage ist. Und meistens dachte ich nur, es wäre jetzt peinlich, wenn das in der Bildzeitung stehen würde. Aber da steht normalerweise etwas Feundliches und bis jetzt auch meistens etwas Richtiges drin über uns. Ärgern tun mich Magazine wie Spiegel und Stern. Früher waren das mal meine Lieblingszeitungen. Doch aus meinen schlechten Erfahrungen, die ich mit diesen Leuten machen durfte, bin ich auf Distanz gegangen. Als kleine persönliche Rache habe ich mein Stern-Abo storniert, auch wenn das diese Leute wenig interessieren dürfte. Die praktizieren einen richtig fiesen Journalismus, ein vorgefertigtes Meinungsbild soll da nur bestätigt werden, denn sie sprechen nicht wirklich mit einem, sondern sie führen einen aufs Glatteis. Und das ist dämlich. Beim Stern besteht noch eher die Mög-

PUR ZITAT
... sie sprechen nicht wirklich mit einem, sondern sie führen einen aufs Glatteis.
(Hartmut)

lichkeit, dass sich das einmal ändert, aber beim Spiegel sehe ich da wenig Chancen. Als der Spiegel merkte, dass das mit mir im Interview nicht geht, druckten sie kein Interview, sondern einen Bericht, der aus acht anderen zusammengeschrieben war. Der enthielt sämtliche Klischees wie „Lindenstraße der Popmusik" etc., denn das Interview gab ihnen nicht das Futter, uns einfach scheißblöd hinzustellen. Der Stern hat drei Tage eine Journalistin mit uns auf Tournee geschickt, die eigentlich unterm Strich von uns sehr beeindruckt war. Wie es bei uns abläuft, über die menschliche Atmosphäre und wie wir miteinander umgehen. Die war wirklich begeistert. Beim ersten Gespräch fragte ich sie, was ihr musikalisch gefällt, worauf sie antwortete, dass sie eigentlich mehr aus der Lifestyle- und Kulturecke ist und mit Musik hätte sie eigentlich nicht viel zu tun, und auf deutschsprachige Musik stände sie ja überhaupt nicht. Ein paar alte Alben von Udo Lindenberg fände sie nicht schlecht. Aber von den neuen Sachen findet sie eigentlich gar nichts richtig gut, uns übrigens auch nicht. Das sind natürlich fantastische Voraussetzungen, um sich jemanden drei Tage lang zu öffnen, der nur darauf wartet, dass etwas abgeht, damit man richtig Scheiße ins Heft schreiben kann. Der Bericht war dann so larifari, so unter dem Motto „Massenphänomen, Langeweiler aus der Provinz, die sind eigentlich ganz nett, man kann drei Tage gut mit ihnen verbringen". Das war weder Fisch noch Fleisch. Sie hat sich so drum herum gewunden. Ich hatte den Eindruck, sie wollte uns nichts Böses, aber sie durfte auch nicht sagen, dass wir klasse Jungs sind. Da hat der Chefredakteur schon aufgepasst. Das hat mich aufgeregt, denn so was passiert einem sonst nirgends. Eigentlich sollte man doch zusammenarbeiten. Jetzt weiß ich, dass ich mit denen nichts mehr zu tun haben will. Wir sehen uns schon ein wenig anders als irgendwelche Schlagerfuzzies, bei denen man kräftig draufhauen kann, weil es gerade mal schick ist. Das ist doch völlig Banane. Jeder, der einmal bei uns auf einem Konzert war oder eine Platte komplett durchgehört hat, weiß, dass dieses ganze Image, das verbreitet wird, weil fast jede Single von uns ein Liebeslied war, einfach nicht stimmt. Aber das wollen die auch gar nicht kapieren. [Hartmut]

– w o r t w ö r t l i c h –

Presse	Heimat	Freiheit	Freundschaft	Träume	Fans
Deutsche Sprache	Soziales Engagement		Familie	Studioarbeit
Auf Tour	Wir gehören allen	TV	Leidenschaft	Internet

Heimat

Heimat ist für mich mit den Begriffen Ruhe und Beschaulichkeit eng verbunden. Früher dachte ich, Heimat ist da, wo man geboren wurde, wo die Freunde sind. Nachdem ich meinen Wohnort um fünf Kilometer verschob, stellte ich fest, dass die Heimat der Ort ist, an dem man sich richtig wohl fühlt. Beruflich bin ich viel auf Reisen, weswegen es mich auch nicht in die Großstädte zieht. Ich habe ein wunderschönes Zuhause und ein Ferienhaus. An beiden Orten fühle ich mich sehr wohl. Jedoch kann ich mir mittlerweile vorstellen, auch woanders sesshaft zu werden. Ich bin nicht ganz so ortsgebunden, wie ich immer dachte. (Hartmut)

Erst mit acht Jahren kam ich von Jugoslawien nach Deutschland. In Jugoslawien lebte ich mit meiner Familie im Nordosten an der ungarisch-rumänischen Grenze. Es war traumhaft für mich, dort aufzuwachsen. Wenn ich an Jugoslawien denke, dann kommen mir sofort die schönen Wälder und Tiere in den Sinn. Mein Vater ist Ungar und meine Mutter Deutsche. Vielleicht liegt es an meinen ungarischen Genen, dass ich mich als Weltbürger sehe. Ich spreche Ungarisch, Deutsch und Jugoslawisch und fühle mich als Deutscher in Deutschland sehr wohl, jedoch denke ich manches Mal, wenn rechtsradikale Deutsche nationalistische Parolen grölen, es ist gut, dass ich mich an meine ungarische Identität zurückbesinnen kann. (Rudi)

Meine Wurzeln haben sich in meiner Heimat, dem Ort, an dem ich lebe, tief eingegraben. Nach Hause zu kommen, hat für mich immer etwas Positives, da ich mich dort am wohlsten fühle. (Joe)

Hätte ich kein Zuhause, könnte ich das Erlebte und den Erfolg im Nachhinein gar nicht genießen. Als meine Eltern starben, hatte ich das Gefühl meine Heimat zu verlieren. In meiner eigenen Familie habe ich diese jedoch in der schönsten Form wieder gefunden, und das macht mich sehr glücklich. (Roland)

Da wo meine Freunde sind, da ist meine Heimat. Eigentlich bin ich nicht gerne unterwegs. Nicht einmal in den Urlaub fahre ich gerne. (Ingo)

– w o r t w ö r t l i c h –

Presse	Heimat	Freiheit	Freundschaft	Träume	Fans
Deutsche Sprache		Soziales Engagement		Familie	Studioarbeit
Auf Tour		Wir gehören allen	TV	Leidenschaft	Internet

Freiheit

Wir lassen uns vom Erfolg nicht versklaven. Wir bestimmen selbst, wann wir unfrei sind. Zeit- und Lebenspläne werden bei uns nicht von irgendwelchen Chefs bestimmt. Das ist etwas, wovon viele Menschen träumen. Mir wird das immer wieder bewusst, wenn ich mit Freunden zusammen bin, die ganz normal arbeiten. Da fällt mir erst auf, wie viel Zeit flöten geht, wenn man fast jeden Tag acht Stunden arbeitet. Natürlich gibt es bei uns sehr stressige Phasen, aber die etwas ruhigeren überwiegen doch. Wer wie ich das faule Leben liebt, kann sich das sehr gut einteilen. Was sich mit dem Erfolg ein bisschen verflüchtigt hat, ist die spontane, jugendliche Freiheit. Bei jedem öffentlichen Auftritt sind Taktgefühl und Diplomatie gefragt. Natürlich gibt uns das verdiente Geld auch eine gewisse Freiheit, doch Geld allein macht nicht glücklich. Das weiß ich aber auch erst, seitdem ich davon einiges besitze. Glück ist etwas, was man so oder so erleben kann. Doch ganz bestimmt gehören Glück und Reichtum nicht unweigerlich zusammen. (Hartmut)

Ich genieße es, ohne jede Abhängigkeit nur das zu tun, was ich möchte. Doch bedeutet Freiheit auch, so wie ich, kein Handy zu besitzen! (Ingo)

Tun und lassen zu können was ich will, das bedeutet für mich Freiheit. Noch vor einiger Zeit habe ich diese Freiheit genutzt, um mir einiges von der Welt anzusehen. So habe ich Länder wie die USA, Kanada und Nepal bereist. Doch jetzt habe ich Kinder und eine Familie, da ist das Reisen erst einmal zur Nebensache geworden. Doch hat es für mich auch etwas mit Freiheit zu tun, viel Zeit intensiv mit meiner Familie verbringen zu können. Das ist ein Privileg. (Rudi)

Ich bin froh, mich frei bewegen zu können, gesund und beruflich unabhängig zu sein. Freiheit ist für mich auch diese Sicherheit, die wir in dieser westlichen Welt haben. In vielen Ländern haben die Menschen kaum etwas zu essen. Ohne jede wirkliche Chance besteht kaum ein Funke Hoffnung, dass sich diese Verhältnisse zum Besseren wenden. Stattdessen frisst militärisches Machtgehabe jede Illusion einer zivilisatorischen Entwicklung und Annäherung an das Niveau der sogenannten 1. Welt auf das Bitterste auf. Diese bequeme Sicherheit, insbesondere der Frieden und all das, was in unseren Breiten selbstverständlich ist, wissen viele gar nicht mehr zu schätzen. Doch die wichtigste Voraussetzung für grenzenlose Freiheit ist unsere Gesundheit, denn nur wenn ich wirklich gesund bin, kann ich machen was ich will. (Roland)

Natürlich haben wir uns mit dem Erfolg von PUR eine gewisse Unabhängigkeit geschaffen, doch keiner ist ausgeflippt, hat sich eine Rakete gekauft und ist damit zum Mond geflogen. Ich komme momentan nicht einmal zum Motorrad fahren, da ich in erster Linie für meine Familie da bin. Die Kinder verlangen nach ihrem Papa, und das ist ja auch schön so. Ich bin sehr gerne für sie da, denn so kann ich meine Kinder intensiv heranwachsen sehen. Allein das macht mich sehr glücklich. Und da meine Frau ihren studierten Beruf als Geigerin ausübt, kümmere ich mich eben auch um den Haushalt. Wir machen alles selbst. Wenn ich sehe, wie oft meine große Tochter jetzt schon von Zuhause weg ist, dann ist das schon der Wahnsinn. Sie kommt dieses Jahr bereits in die Schule. Meine Kleine wird nächstes Jahr drei. Und wenn sie in den Kindergarten geht, dann haben wir vormittags sturmfreie Bude. Dadurch kommt auch ein bisschen persönliche Freiheit zurück. Ich verstehe unter Freiheit, besser gesagt persönlicher Freiheit, Dinge tun zu können, ohne fragen zu müssen. (Joe)

Eine wirkliche Freundschaft beweist sich meistens in Extremsituationen, nämlich wenn man ganz oben oder unten ist. Es gibt nur wenige Freunde, zu denen ich immer kommen kann, ebenso umgekehrt. Jedoch sind diese Freunde für mich entscheidend und wichtig. Zum Glück habe ich nicht viele negative Erfahrungen machen müssen. Mein Freundeskreis ist über die Jahre insgesamt relativ konstant geblieben, wobei die Freundschaft der PUR-Musiker untereinander heute sicher einen anderen Stellenwert als früher hat. Seit wir Kinder haben, ist die eigene Familie für jeden von uns mehr in den Lebensmittelpunkt gerückt. Auf Tour sind wir sowieso die meiste Zeit zusammen. Irgendwie ist es wie bei einem alten Ehepaar, wir müssen nicht mehr viel sagen, um uns zu verständigen, jeder kennt die Witze und die Macken des anderen. In den vergangenen zwei Jahren hat sich die PUR-Mannschaft um sehr angenehme Menschen erweitert. Es ist ausgesprochen angenehm, wenn aus einer Zusammenarbeit echte Freundschaft erwächst, denn man ist automatisch sehr viel zusammen. (Hartmut)

Ich betrachte mich mehr als Mann im Hintergrund, das war schon immer so, weil mit Hartmut und Ingo schon im-

Freundschaft

– wortwörtlich –

Presse   Heimat   Freiheit   **Freundschaft**   Träume   Fans
Deutsche Sprache   Soziales Engagement   Familie   Studioarbeit
Auf Tour   Wir gehören allen   TV   Leidenschaft   Internet

mer kompetente Leute da waren. Meine Funktion beschränkt sich auf das Gitarristische. Als es richtig losging war ich alt genug, um das richtig einzuschätzen. Für mich ist es unwichtig, im Vordergrund zu stehen. Wichtig war für mich immer nur die Freundschaft in dieser Band, und die ist einfach gut. Bis vor vier Jahren hatten wir noch nicht mal Verträge untereinander, und das sagt eigentlich alles. Ingos und meine Familie fahren sogar ab und zu gemeinsam in den Urlaub. Auch unsere Frauen verstehen sich untereinander, was anfangs etwas schwierig war. Außerhalb der Band achte ich sehr drauf, dass eine Freundschaft nicht mit PUR zusammenhängt, denn neben PUR möchte ich ein ganz normales Leben führen. (Rudi)

Glücklicherweise lernte ich bisher nur wenige Arschlöcher kennen. Allerdings bin ich weniger mit solchen Problemen konfrontiert worden. Das konzentriert sich schon mehr auf Hartmut. In meinem normalen Leben hänge ich mir jedenfalls kein Schild um den Hals, auf dem „PUR" steht. So entstehen auch jetzt noch vom Erfolg unbelastete Freundschaften. (Joe)

Dass fünf unterschiedliche Charaktere so gut zusammenpassen ist ganz sicher außergewöhnlich, aber es scheint mir auch für den Fortbestand dieser Band eine ganz wichtige Grundlage zu sein. (Roland)

Meine Freunde sind über die Jahre immer die selben geblieben. Da habe ich bislang wirklich Glück gehabt. Man sieht sich zwar immer weniger, aber das tut der Freundschaft keinen Abbruch. Unter Freunden entwickelt man Toleranz, die über das normale Maß hinaus geht. Meine Freunde haben sich als solche bewiesen. Größtenteils haben sie sogar den gleichen Humor, was in meinem Fall nicht unwichtig ist. Innerhalb der Band herrscht absolute Freundschaft gepaart mit Tradition. (Ingo)

Wichtig war für mich immer nur die Freundschaft in dieser Band, und die ist einfach gut. *(Rudi)*

– wortwörtlich –

Presse   Heimat   Freiheit   Freundschaft   **Träume**   Fans
Deutsche Sprache   Soziales Engagement   Familie   Studioarbeit
Auf Tour   Wir gehören allen   TV   Leidenschaft   Internet

Träume

Wie viel Träume dürfen platzen, bevor man alle seine Ideale vergisst? Dann kommen wir zu dem Thema Zynismus, denn der wächst nur da, wo die Ideale angekratzt werden, oder wenn einem die Träume ausgehen. Ich bin ein Mensch, der nie mit dem Ist-Zustand glücklich ist. Ich kann einen zufriedenen Zustand erreichen, aber Glück ist etwas, was nur ganz kurz stattfindet. Ich träume noch immer davon, dass ich die innere Ruhe und Kraft finde, um eines Tages ganz gelassen mit meiner ganzen Faulheit den Tag über mich ergehen zu lassen. Ich schaffe es nur manchmal im Urlaub, eine tiefe innere Ruhe in mir herzustellen. Das ist dann ein richtiges Glücksgefühl. (Hartmut)

Die Verwirklichung eines eigenen musikalischen Projektes ist ein Traum, an dem ich seit etwa drei Jahren arbeite. Das Projekt heißt 'R.U.D.Y's Journey' und ist mit vier Sängern besetzt. Mit von der Partie sind Mike Sadler von der Band Saga, Michelle Young von American Flyer, David Hanselmann von den Dudes und Jochen Schild von Exact. Es setzt sich aus eigenen Kompositionen zusammen, die ich teilweise schon vor Jahren schrieb. Die Songs entstanden parallel zu PUR und ließen sich aufgrund der etwas anderen Stilistik nie mit PUR realisieren. 'R.U.D.Y's Journey' ist eine Reise durch meine musikalische Welt, eine zeitlose Musik, die an keinen Trend gebunden ist. Durch die internationale Besetzung war es klar, dass Englisch gesungen wird. 'R.U.D.Y's Journey' erscheint Anfang März 2001. (Rudi)

Das Wichtigste ist, dass es meinen Kindern, meiner Frau und mir gut geht und wir gesund bleiben. Und dann ist da noch ein alter Cadillac, der in meinen Träumen! (Joe)

Sicher sind meine Träume sehr nüchtern, da ich lediglich davon träume, endlich mit dem verdammten Rauchen aufzuhören, körperlich fitter zu werden und ansonsten so wie jetzt weiterzuleben und zu arbeiten. (Ingo)

Wenn man so viel erreicht hat, frage ich mich, was waren noch vor zehn Jahren meine Träume? Im Grunde haben sie sich alle erfüllt. Trotzdem habe ich noch einige. Musik und Erfolg sind sicher nicht alles im Leben. So ist mein größter Traum, bis zum letzten Tag meines Lebens mit meiner Familie und meinen Gedanken glücklich zu sein. (Roland)

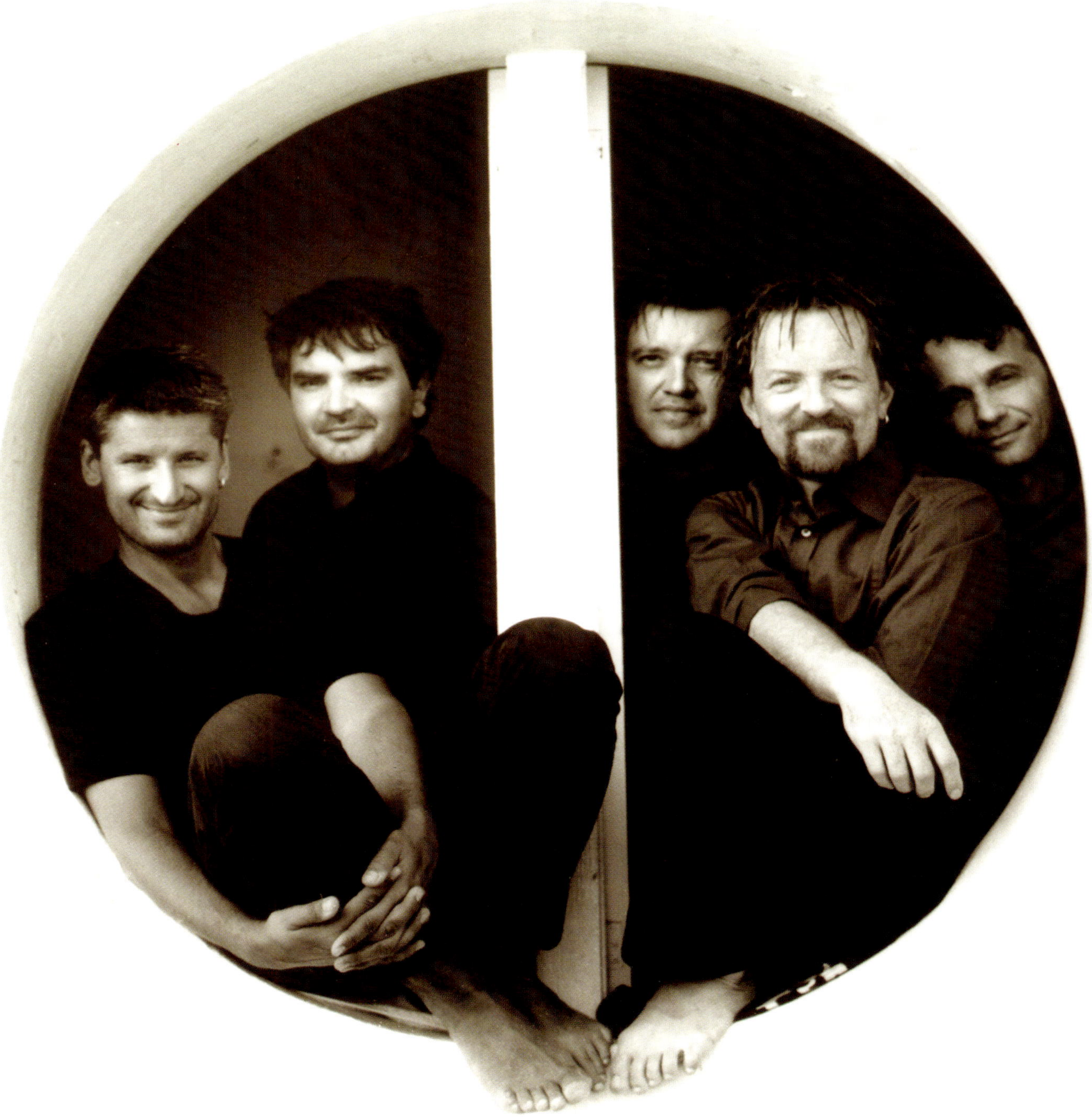

Fans

Die Fans sind für mich sehr wertvoll. Unseren Fans gegenüber werde ich niemals zynisch. Das behalte ich mir für andere Lebenssituationen vor, denn unsere Fans sind die Menschen, die uns groß gemacht haben und die uns letztendlich den Erfolg und das Geld brachten. Das haben nicht die Medien vollbracht. Den Fans gegenüber habe ich aber auch die Verantwortung, nicht irgendeinen Blödsinn zu erzählen. (Hartmut)

Die Leute dürfen das nicht verwechseln. Man kann PUR auf Platte oder auf der Bühne gut finden, aber man sollte nicht denken, dass es für jeden ein Vergnügen wäre, mit uns hinterher essen zu gehen. Für die meisten vermutlich schon, denn wir liegen ganz sicher nicht vollkommen neben unserem Image. (Hartmut)

Die meisten PUR-Fans sind sehr feinfühlig und sensibel. Ich spürte bislang nie eine Bedrohung von Seiten der Fans, im Gegenteil. Wenn Fans zu mir Kontakt fanden, ging es sehr offen zu. Ab und zu standen auch schon mal Fans vor meinem Haus, obwohl ich natürlich versuche, meinen Wohnort möglichst geheim zu halten. Trotzdem war es sehr positiv. Ein weiblicher Fan hat einmal während einer Tournee versucht, sich ständig in meiner Nähe aufzuhalten. Als wir in Düsseldorf spielten, kam sie im Hotel mit ihrem neunzehnjährigen Kind zu mir. Sie selbst war in meinem Alter und wollte sich lediglich einmal mit mir unterhalten. Am Ende unseres Gesprächs fragte sie, ob sie mich einmal umarmen dürfte, was für mich, aufgrund der angenehmen Gesprächsatmosphäre, überhaupt kein Problem darstellte. Es ist schön, dass wir mit unserer Musik einigen Menschen etwas geben können, was ihr Leben bereichert. (Rudi)

– wortwörtlich –

Presse   Heimat   Freiheit   Freundschaft   Träume   **Fans**
Deutsche Sprache   Soziales Engagement   Familie   Studioarbeit
Auf Tour   Wir gehören allen   TV   Leidenschaft   Internet

Wenn man als Band oder Künstler keine Fans hat, ist doch alles für die Katz. Dann sollte man lieber einen „vernünftigen" Job machen. Wir kümmern uns sehr stark um unsere Fanclubs. Wenn es etwas Neues zu vermelden gibt, erfahren sie es zuerst. Die halten auch während unserer Schaffenspause das Süppchen am kochen und den Fanstamm bei Laune. Für mich wird es nur immer schwieriger den Fans gerecht zu werden, da es immer mehr werden. Heute können wir nach einem regulären Konzert keine Autogrammstunde mehr geben, da wir sonst am nächsten Morgen nicht im Hotel sind. Deshalb war es richtig klasse, vor der Veröffentlichung des Albums „Mittendrin" eine Promotiontour durch Deutschland in einem relativ kleinen Rahmen zu machen. Wie früher konnten wir unseren Fans tatsächlich mal wieder persönlich Autogramme geben. Das war ein tolles Gefühl. (Joe)

Die PUR-Fans sind absolut ehrlich. Sie sagen uns, ob die CD gut war oder nicht. Bevor wir eine CD veröffentlichen, treffen wir mit unseren Fanclubleitern und spielen ihnen unsere Songs vor, um zu hören, was sie davon halten. Auf ihre Meinung legen wir großen Wert. Sie waren übrigens einstimmig der Meinung, dass „Herzbeben" die erste Single aus unserem Album „Mittendrin" werden soll. Daran siehst du, wie wichtig ihre Meinung ist. (Ingo)

Jedes Mal, wenn ich nach unserer Schaffenspause die Bühne zum ersten Tourkonzert betrete, weiß ich, was mir gefehlt hat. Unsere Fans sind einzigartig. Wir sind ihnen dankbar, denn sie haben uns zu dem gemacht, was wir sind. Für uns ist es immer wieder fantastisch, zu sehen, wie unsere Fans bei unseren Konzerten jedes Mal aus unserer live Performance ihre eigene Party machen. Das ist schon atemberaubend. Da entsteht unglaublich viel Energie. Sie singen und feiern so euphorisch, dass ich manchmal den verrückten Gedanken habe, sie würden es erst sehr spät merken, wenn die Band plötzlich gar nicht mehr auf der Bühne stände. (Roland)

Für uns ist es immer wieder fantastisch, ...wie unsere Fans bei unseren Konzerten ihre eigene Party machen. (Roland)

Fans

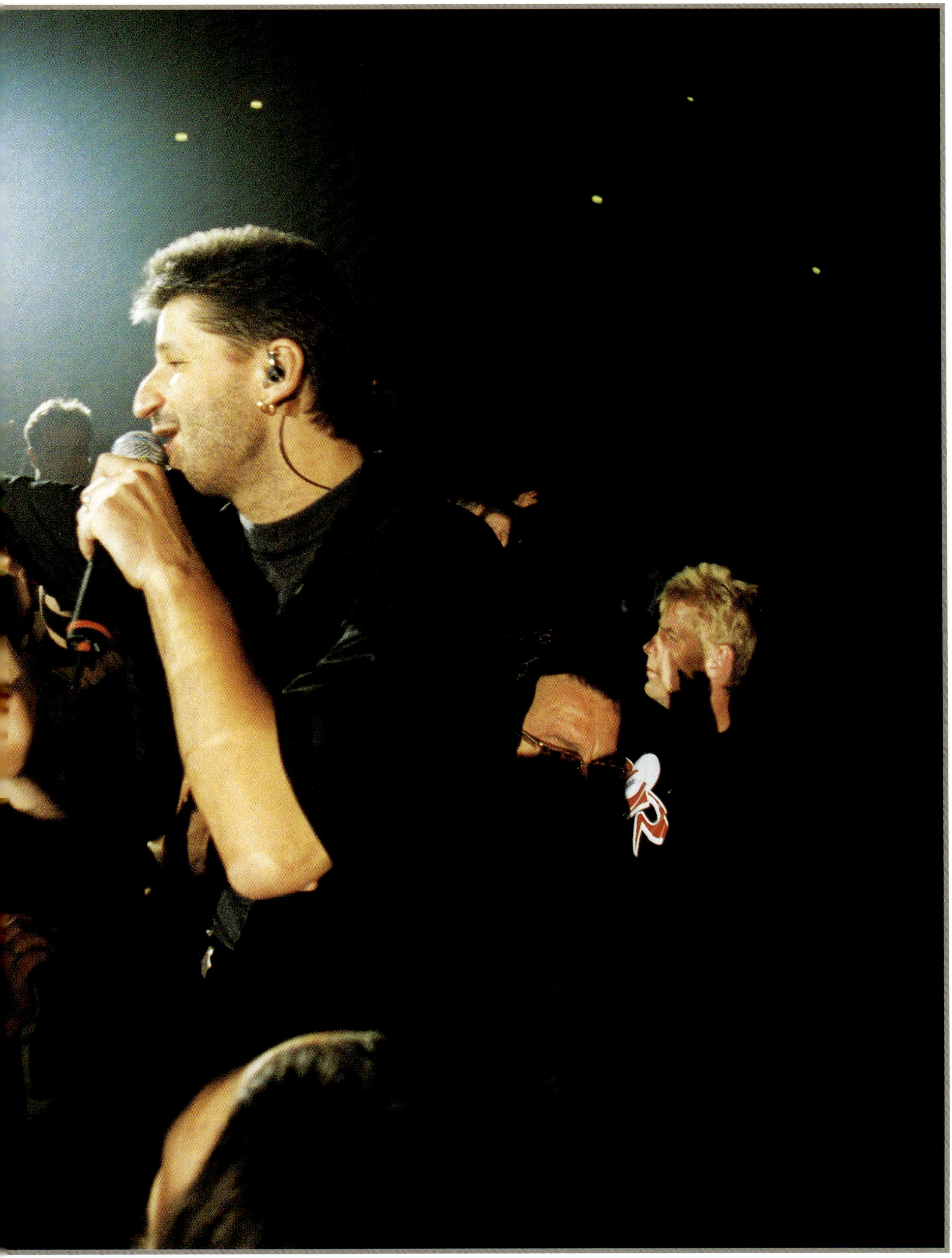

– wortwörtlich –

Presse   Heimat   Freiheit   Freundschaft   Träume   Fans
Deutsche Sprache   Soziales Engagement   Familie   Studioarbeit
Auf Tour   Wir gehören allen   TV   Leidenschaft   Internet

Sprachlich war mein Vater ungarisch eingefärbt und meine Mutter tschechisch. Das hatte den Vorteil, dass ich mir keinen harten schwäbischen Akzent aneignete. Schwäbisch hörte ich nur auf der Gasse und nur dort sprach ich es auch. Hochdeutsch lernte ich vorm Fernseher und das aktive Hochdeutsch brachte ich mir bei, als der Job losging. Wenn ich einige Tage in Deutschland auf Reisen bin, spreche ich ein sehr gutes Hochdeutsch. Da hört man, wenn überhaupt, kaum den schwäbischen Akzent. Beim Singen und Lesen praktiziere ich nur Hochdeutsch, jedoch war das ein langwieriger Prozess. Das ständige Gefrotzel, wenn ich versuchte, korrekt Hochdeutsch zu singen, hat mich sehr genervt. Insbesondere bei Schulfesten wusste ich gar nicht, wie ich sprechen sollte. Das Singen war o.k., aber beim Ansagen oje! Eine gute Ansage zu machen, das musste ich auch erst lernen, denn Ansagen müssen ein klares Ziel verfolgen. Sie spielen bei unseren Konzerten eine wichtige Rolle, besonders was die Glaubwürdigkeit angeht.

In meinen Texten arbeite ich nicht mit einem großen Wortschatz. Ich kombiniere die mir zur Verfügung stehenden Worte sehr sorgfältig. Dadurch ergeben sich ganz neue Ausdrucksmöglichkeiten. Außerdem versuche ich ständig neue Wortspiele. Das Texten macht mir unheimlich viel Spaß. Mit der englischen Sprache könnte ich das nicht. (Hartmut)

Aus musikalischer Sicht ist Deutsch eine schwierige Sprache. Sie zum Klingen zu bringen erfordert sehr viel Feingefühl, doch Hartmut textet wirklich super. Oft sind es die kleinen Wortspiele, die seinen Texten den besonderen Esprit geben. Englisch hört sich gut an, aber die meisten Zuhörer bekommen hierzulande inhaltlich nichts oder nur wenig mit. Mir macht es sehr viel Spaß, mit Hartmut gemeinsam die Songs zu entwickeln. Entweder bekommt er zuerst von mir die Musik oder ich bekomme von ihm den Text. Hartmut arbeitet sehr stark klangorientiert. Die Inspiration zu musikalischen Ideen geht von uns beiden aus. Meistens finden wir einen gemeinsamen Nenner. So oder so gehen wir rein emotional vor und das funktioniert einfach toll. (Ingo)

Deutsche Sprache

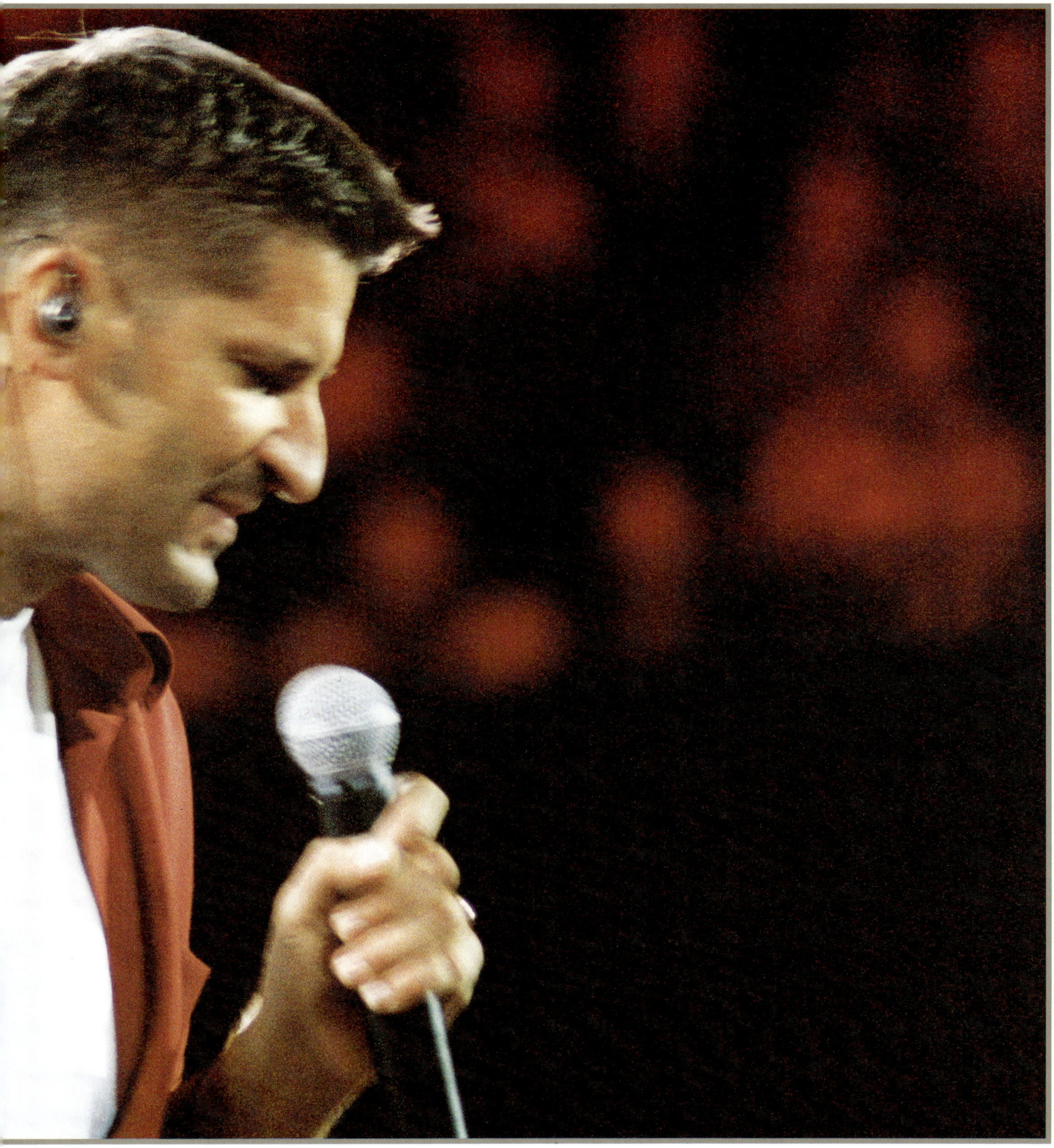

– wortwörtlich –

Presse   Heimat   Freiheit   Freundschaft   Träume   Fans
Deutsche Sprache   **Soziales Engagement**   Familie   Studioarbeit
Auf Tour   Wir gehören allen   TV   Leidenschaft   Internet

Durch meine Verwandtschaft bin ich auf die extremen Missstände in Nepal aufmerksam geworden. Mein Onkel ist Arzt und organisiert schon ewig Hilfstransporte mit medizinischen Gütern nach Nepal. Während der „Abenteuerland"-Tour beschloss PUR, eine bestimmte Summe in zwei soziale Projekte zu stecken. Davon sollte ein Teil in ein Projekt in Deutschland und ein Teil in ein Projekt im Ausland fließen. Hier in Deutschland hat man mit unserer Hilfe obdachlosen Jugendlichen ein Haus zur Verfügung gestellt. Sie renovierten es, bauten eine Werkstatt hinein und bekommen dort seitdem eine Ausbildung. Das Projekt in Nepal ist etwas komplexer,

Soziales Engagement

da wir dort zwei unterschiedlichen Gruppen helfen. Mit unserer Hilfe wird dort ein Altenheim für etwa 30 Menschen gebaut, die nicht in einer Großfamilie alt werden können, da sie ohne Familie sind. Um jedoch die Pflege dieser Menschen zu gewährleisten, schließen wir eine zweite Gruppe, nämlich junge Mädchen, in dieses Projekt ein. Mädchen in Nepal bekommen normalerweise keinerlei Ausbildung. Das Altenheim entsteht jedoch in unmittelbarer Nähe zu einer Schule. Da die meisten Mädchen sehr weit von der Schule entfernt wohnen, haben wir in dem Altenheim Schlafplätze für sie vorgesehen. Die Mädchen bekommen nun die Möglichkeit, in der Nähe der Schule zu wohnen, um eine Ausbildung an der Schule wahrzunehmen. Im Gegenzug pflegen sie die alten Menschen. Sicher kostet dieses Projekt viel Geld, aber im Verhältnis zu dem, was wir damit bewirken, ist es immer noch relativ wenig. Um die Nepal-Projekte kümmert sich ins-besondere meine Frau. So einen Hilfskonvoi dorthin möchte ich in naher Zukunft aber unbedingt begleiten. Allerdings ist man bei einer solchen Aktion zirka drei Monate unterwegs, und diese Zeit kann ich derzeit nicht aufbringen. (Rudi)

Auch wenn wir uns gewissen Organisationen finanziell zuwenden, so bin ich doch der Meinung, dass wir mit unseren Songs am meisten bewirken, denn mit ihnen dringen wir zu den Menschen durch. Wenn jemand einen mongoloiden Menschen sieht und er hat zuvor den Song „Mein Freund Rüdi" für sich realisiert, hat er zu dem Menschen und zu dem Thema Mongolismus einen ganz anderen Zugang. Mit Liedern kann man einiges bewegen. Ein anderes Beispiel ist der Song „All die Vergessenen". Diese Songs bewirken etwas in den Köpfen. Dabei spielt es keine Rolle, in wie vielen. In puncto soziales Engagement werde ich mir sicherlich nicht selbst auf die Schulter klopfen. Was wir diesbezüglich mit Geld machen, ist, so glaube ich, nur um unser schlechtes Gewissen zu beruhigen. Andere Leute spenden sicher mehr. Wenn ich einen Betrag nenne, hört sich das nach viel an, aber wir verdienen auch eine Menge. Unser größtes Projekt war zur „Mächtig viel Theater"-Tour „Kinder sind tabu", das wir auch weiterhin unterstützen. Unser Projekt in Nepal benötigt allerdings auch noch mehr Geld als ursprünglich angenommen, und das werden wir natürlich zur Verfügung stellen. (Hartmut)

Soziales Engagement ist bei PUR ein Thema, ohne dass wir es groß an die Glocke hängen. Wir engagieren uns für verschiedene soziale Projekte. Es ist unsere Pflicht, denn uns geht es gut und wir sind in der Lage, anderen zu helfen. (Roland)

In puncto soziales Engagement werde ich mir sicherlich nicht selbst auf die Schulter klopfen. *(Hartmut)*

– w o r t w ö r t l i c h –

Presse   Heimat   Freiheit   Freundschaft   Träume   Fans
Deutsche Sprache   Soziales Engagement   **Familie**   Studioarbeit
Auf Tour   Wir gehören allen   TV   Leidenschaft   Internet

Familie

Ich freue mich schon, wenn meine Kinder begreifen, dass ihr Papa in zwei Kinderfilmen singt. Ich habe zwar ganz wenig in dem Genre gemacht, aber diese zwei Filmgeschichten „Die furchtlosen Vier" mit der Opernsängerin Sandra Schwarzhaupt und „Das magische Schwert" mit Nena haben mir sehr viel Spaß bereitet. Mein Großer sah einen Werbespot im Fernsehen, in dem ich nur einen Satz singe – ich wollte es ihm eigentlich schon vorher sagen, aber er hat sofort selbst erkannt, dass da der Papa singt. Das sind Momente, wo ich eine Gänsehaut bekomme. Auch mein Familienleben ist nicht immer ein Zuckerschlecken. Das Zusammenleben hat sich durch die Kinder verändert. Ich bin noch flippig genug, um meine Frau zur Weißglut zu treiben. Das passt nicht immer in ihr Konzept des ganz, ganz braven Ehemanns, der mit ihr die Kinder erzieht. Ich bin in meinem Privatleben chaotischer als andere, die Kinder sind zum Glück eine wahre Freude. Ich habe auf der neuen Platte auch wieder ein Lied über meinen Philip geschrieben. Leider bekommt der Große immer die Lieder, weil: für den Kleinen sind sie schon geschrieben. Für den Kleinen wäre jetzt „Der kleine Prinz" passend und für den Großen heißt das neue Lied „Schneckenfreund". Da gibt es eine Zeile „Du gibst dem Ganzen einen besseren Sinn". Das sagt aus, wie ich es betrachte, dass ich Kinder habe. Ich finde, Kinder machen alle Dinge, die man sieht und tut, schöner. Einmal zu wissen, dass sie da sind, und wenn man mit ihnen zusammen ist, das auch zu spüren. Mehr als eine Woche möchte ich heute nicht mehr von meiner Familie getrennt sein. Bei mehr als einer Woche fängt es an mir richtig weh zu tun. (Hartmut)

Meine Kinder aufwachsen zu sehen, Ähnlichkeiten zu entdecken, ihre ganz eigenen Charaktere auszumachen, das alles ist unbeschreiblich. Ich möchte alles miterleben, das Laufen und Sprechen lernen, die Entwicklung ihrer Mimik und das Theater spielen. Irgendwann zeigen sie mir dann den Stinkefinger und wenig später sind sie aus dem Haus. Du trägst nur die Verantwortung für ein Kind, aber du besitzt es nicht. (Roland)

Das Wichtigste in meinem Leben ist sicher die Familie, allerdings direkt gefolgt von der Musik. Ich genieße das große Privileg, viel zu Hause zu sein und somit meine beiden Kinder intensiv zu erleben. Doch es ist schon manchmal beängstigend zu sehen, wie schnell sie groß werden. (Rudi)

Meine Familie ist für mich superwichtig und wunderschön. Als ich hörte, dass ich Vater werde, konnte ich mir diese Rolle für mich selbst kaum vorstellen. Doch seit mein Sohnemann da ist, genieße ich die Vaterrolle total. Natürlich hat meine Familie einen hohen Stellenwert, doch bin ich manchmal froh, wenn ich rauskomme. Das brauche ich, aber diese Freiheit gewährt mir meine Familie. (Ingo)

Als ich hörte, dass ich Vater werde, konnte ich mir diese Rolle für mich selbst kaum vorstellen. (Ingo)

– wortwörtlich –

Presse   Heimat   Freiheit   Freundschaft   Träume   Fans
Deutsche Sprache   Soziales Engagement   Familie   Studioarbeit
Auf Tour   Wir gehören allen   TV   Leidenschaft   Internet

Für uns war früher immer alles wichtig. Ich kannte bei einer Produktion jeden Ton. Das brauche ich heute nicht mehr und ich kontrolliere auch nicht mehr alles. PUR, insbesondere Ingo, macht die Studioarbeit momentan sehr viel Spaß. Für Ingo ist sie, so vermute ich, das Allergrößte. Er geht nicht mehr so gerne auf Tour. Ich dagegen gebe lieber ein Konzert. Früher ging es bei PUR immer um die Studiokosten, denn eigentlich durfte die Produktion nichts kosten. Nach der Arbeit an einem Album hatten wir jedes Mal einige graue Haare mehr auf dem Kopf. Heute machen wir es uns im Studio schon fast gemütlich. Nicht, dass wir rumtrödeln, aber wir leisten es uns, entspannt zu arbeiten. So angenehm wie die Arbeit an „Mittendrin" war es zuvor noch nie. Außerdem muss man nicht nach Nashville, um ein gutes Studio zu finden. (Hartmut)

Als vor 18 Jahren der erste Atari ST Computer rauskam, konnte ich endlich, in musikalischer Hinsicht, nahezu alles selbst machen und war nicht mehr auf die Anwesenheit anderer Musiker angewiesen. Mittlerweile ist das Studio mein Leben. (Ingo)

Ich möchte beim Mixen eines Stücks im Studio von Anfang bis Ende dabei sein. „Mächtig viel Theater" wurde in London abgemischt. Es ist beeindruckend, wenn man hört, wie ein Meister seines Fachs das ganze Zeug zusammenfährt. Wenn man die Entstehung eines Songs von Anfang an miterlebt, bekommt man einen ganz anderen Draht zu ihm. (Joe)

Studioarbeit

– wortwörtlich –

Presse   Heimat   Freiheit   Freundschaft   Träume   Fans
Deutsche Sprache   Soziales Engagement   Familie   Studioarbeit
Auf Tour   Wir gehören allen   TV   Leidenschaft   Internet

Musik und als Musiker auf der Bühne zu stehen hat viel mit Sex zu tun. Es prikkelt in dieser Atmosphäre, man tut es nicht ständig, aber es liegt in der Luft. (Hartmut)

Mit gesundem Leben ist auf Tour nichts. Da lass ich es schon krachen. Wenn ich das nicht mehr kann, muss ich mich für die Kur anmelden. Ich stehe leidenschaftlich gerne auf der Bühne, genieße den Trubel und lasse mich bewundern. Das ist mein Lebenselixier, das einen Charakter wie meinen erst zur vollen Entfaltung bringt. Ohne das versauere ich. Meine Frau kann davon im alltäglichen Leben ein Lied singen. Da habe ich schon einige Defizite und bin für viele Leute sicher enttäuschend, denn ich bin desorganisiert, habe zwei linke Hände und mein Humor ist unbeugsam. Wenn man mit mir täglich umgehen muss, kann das schon sehr nervig sein.

Auf Tour

– wortwörtlich –

Presse   Heimat   Freiheit   Freundschaft   Träume   Fans
Deutsche Sprache   Soziales Engagement   Familie   Studioarbeit
Auf Tour   Wir gehören allen   TV   Leidenschaft   Internet

Ich bin relativ unselbstständig und habe mich daran gewöhnt, viele Dinge von anderen machen zu lassen. Meine Frau kümmert sich bei mir um die Finanzen und PUR hat einen ganzen Stab von Mitarbeitern, die sich um alles kümmern. Ich lasse mich gerne gedanklich in den Tag hinein treiben. (Hartmut)

Die ersten acht Gigs auf einer Tour machen mir richtig Spaß, danach würde ich mich am liebsten wieder ins Studio verziehen. Aber natürlich weiß ich, dass wir uns nicht im Studio verkriechen

Auf Tour

können. Unsere Fans wollen uns sehen, und das ist auch ihr gutes Recht. Ich würde mich auch nie beschweren. Was ich bei einer Tournee eigentlich hasse, ist die Warterei bis zu den Konzerten, dieses Rumhängen. Für einen kreativen Menschen ist gerade das tierisch langweilig. Am meisten Spaß bereiten mir während des Konzerts die neuen Songs. Um auch die alten etwas aufzupeppen, arrangieren wir sie oft ein wenig anders. Das lockert sie auf und macht sie für uns und die Fans ein wenig frischer. Wenn wir auf der Bühne richtig Spaß haben, überträgt sich das auf unser Publikum. (Ingo)

Auf Tour zu gehen, heißt auch mal weg von der Familie zu sein. Irgendwann kommt der Zeitpunkt, dass ich auch einmal raus muss. Mich beschleicht ein komisches Gefühl, wenn die Proben beginnen. Die Band war vorher eine ganze Weile nicht mehr so intensiv zusammen, doch schweißen die ersten Probetage alle wieder richtig zusammen. Insbesondere nach einem Konzert ist dieses Gefühl sehr intensiv, da man als Band auf der Bühne das Konzert gemeinsam erlebt. (Roland)

Früher war das „Auf Tour sein" ein buntes, stressiges Abenteuer und heute ist es perfekt organisiert. Wir wohnen in schönen, luxuriösen Hotels und tagsüber haben wir Zeit etwas zu tun oder zu unternehmen. Mit PUR auf Tour sein ist schön und in dieser Form ein Privileg. Zugleich ist es für mich immer eine sehr schöne Zeit. Ab und zu kommt meine Familie vorbei, damit wir nicht allzu lang voneinander getrennt sind. Aber da PUR in erster Linie in Deutschland unterwegs ist, stellt uns eine Tournee schon lange nicht mehr vor familiäre Probleme. (Rudi)

Auf Tour

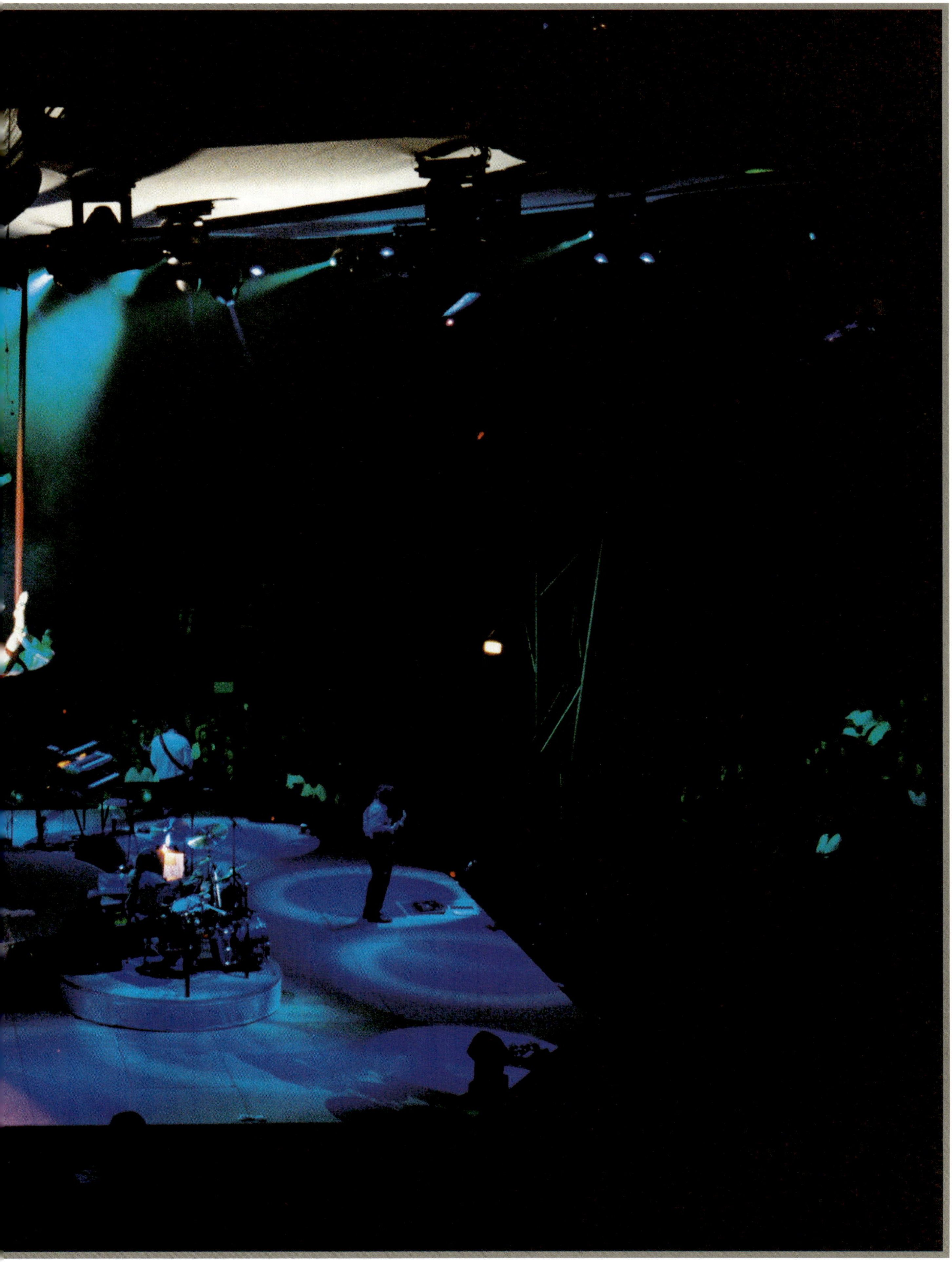

– wortwörtlich –

Presse Heimat Freiheit Freundschaft Träume Fans
Deutsche Sprache Soziales Engagement Familie Studioarbeit
Auf Tour Wir gehören allen TV Leidenschaft Internet

Dass die negativen Sachen bei mir so hängen bleiben liegt sicherlich daran, dass die guten Sachen als normal angesehen werden. Es ist normal, genügend Geld zu haben, eine Platte in so einem schönen Ambiente aufzunehmen, eine erfolgreiche Tour etc. Dann passieren diese Nackenschläge, wie, dass eine Frau aus Berlin mich als vom Teufel besessen sieht, mich retten will und deswegen einen Sitzstreik vor meiner Haustür macht. Natürlich bekomme ich dann irgendwann Angst, dass die mit einem Messer auf mich oder meine Kinder losgeht. Das ist kein Einzelfall. Mit Geisteskranken habe ich inzwischen so meine Erfahrung. Es hat schon seinen Grund, wenn eine Person wie der Peter Brosi als Security dabei ist. Ich selbst bin glücklicherweise noch nie in irgendeiner Form wirklich bedrängt worden. Ein kleiner Zwischenfall passierte in Duisburg. Vor dem dortigen Konzert im letzten Sommer '99 wollte ich noch ein wenig Trubel haben und so sind einige von uns losgezogen. Peter war auch dabei. Wir sind in eine ganz üble Diskothek, wo sie nur Wolfgang Petry spielten. Als wir kamen, haben sie gleich unseren Super Party Hitmix aufgelegt und sich tierisch gefreut. Umringt von netten Damen stand ich da, bis ein Typ an mir vorbeiging und mich so anrempelte, dass mein Bierglas umfiel. Ich drehte mich um und fragte, was das soll, und ohne Vorwarnung zentriert der Typ mir voll eine aufs rechte Auge. Peter war gerade mit Getränkeholen beschäftigt, als er das sah. Mit einem Sprung war er sofort bei mir und fragte mich, ob er was unternehmen soll. Ich sagte nein, der Typ hat ja nur einmal zugeschlagen und außerdem ist er betrunken. Am nächsten Tag, beim Konzert vor 45.000 Menschen im Stadion, hatte ich ein schönes rotes Auge, aber zum Glück war das nach einer halben Stunde Eis draufhalten nicht mehr deutlich zu sehen. Ich hatte vorher in meinem ganzen Leben mit Schlägerein nie was zu tun, außer den üblichen Schulhofschlägerein. Aber als ich zehn war, war das auch vorbei. So ein Handeln ist vollkommen unverständlich für mich. Mein Denken und Begreifen stößt da an Grenzen, da komme ich nicht mit. (Hartmut)

PUR vermittelt den Fans sicher so ein Gefühl, dass wir für alle da sind. Auf Tour ist das okay, aber im Privatleben gibt es klare Grenzen. Da gehören wir niemanden, nur uns selbst. (Roland)

Wir gingen eine Woche vor der Veröffentlichung des Albums „Mittendrin" auf Promotour durch Deutschland. In München, Frankfurt, Köln, Hamburg, Berlin und Leipzig sahen uns die Fans hautnah und konnten sich nach einem Kurzkonzert persönlich Autogramme abholen. In dem Moment gehörten wir allen, die da waren. Doch andererseits möchte ich, dass es von den Fans respektiert wird, wenn ich meine Haustür zumache und Privatmensch sein will. Dann gehöre ich nicht mehr allen, dann bin ich „zu Hause"! (Joe)

Auf einer Tournee ist es fast so. Allerdings suche ich dann auch den Kontakt zu den Fans, und das wird immer ganz toll erwidert. Nach einer Tour ziehe ich mich allerdings immer zurück. Da möchte ich Privatmensch sein. Wenn ein Fan mal vor der Türe steht, dann gebe ich ihm schon ein Autogramm, und wenn mich jemand auf der Straße anspricht, ist das auch kein Problem. Ich genieße das durchaus. Doch wäre es unangenehm, wenn man mich permanent bedrängen würde. Das wollte ich niemals. (Rudi)

Wir gehören allen

– 78 –

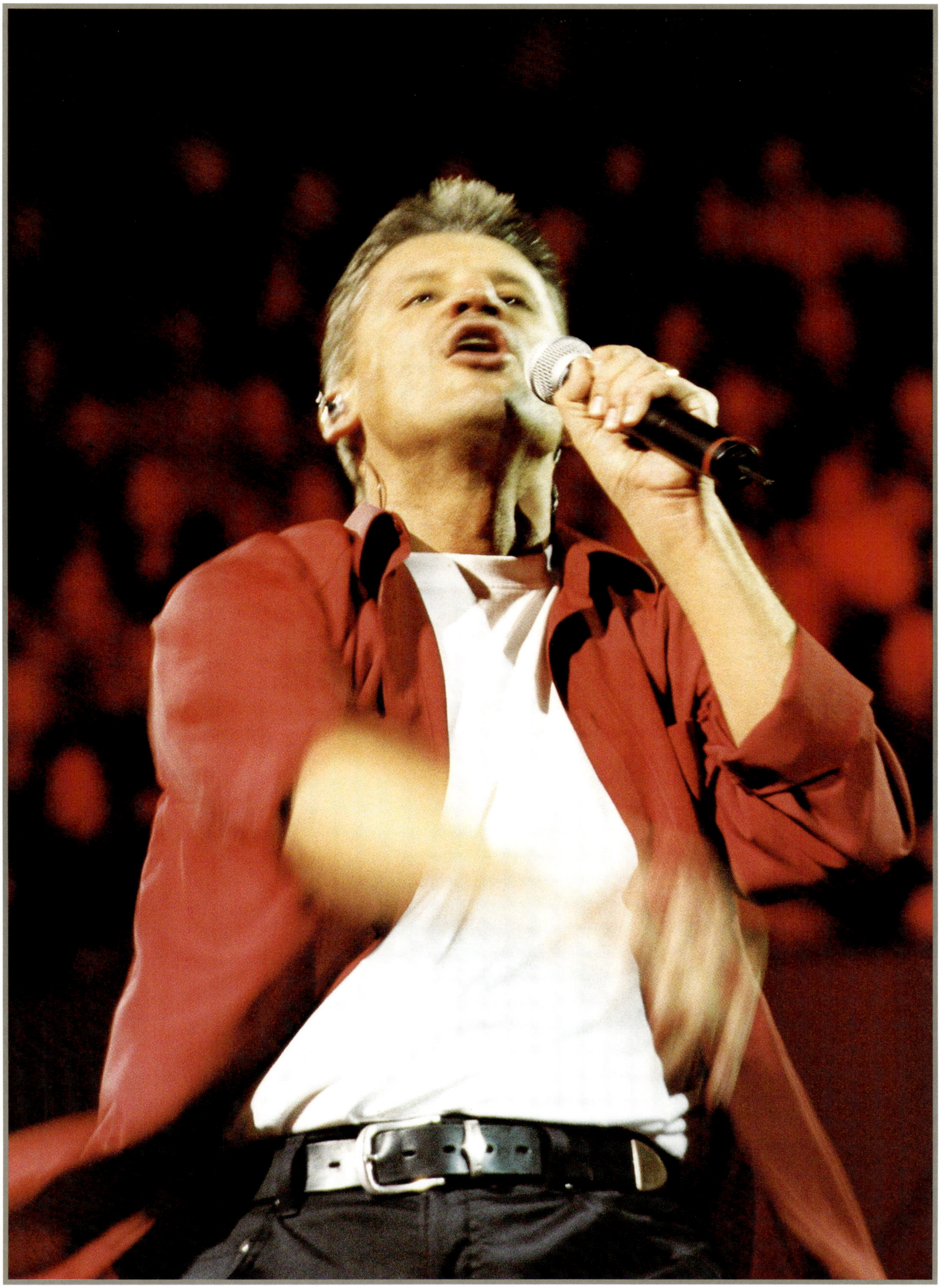

Wir gehören allen

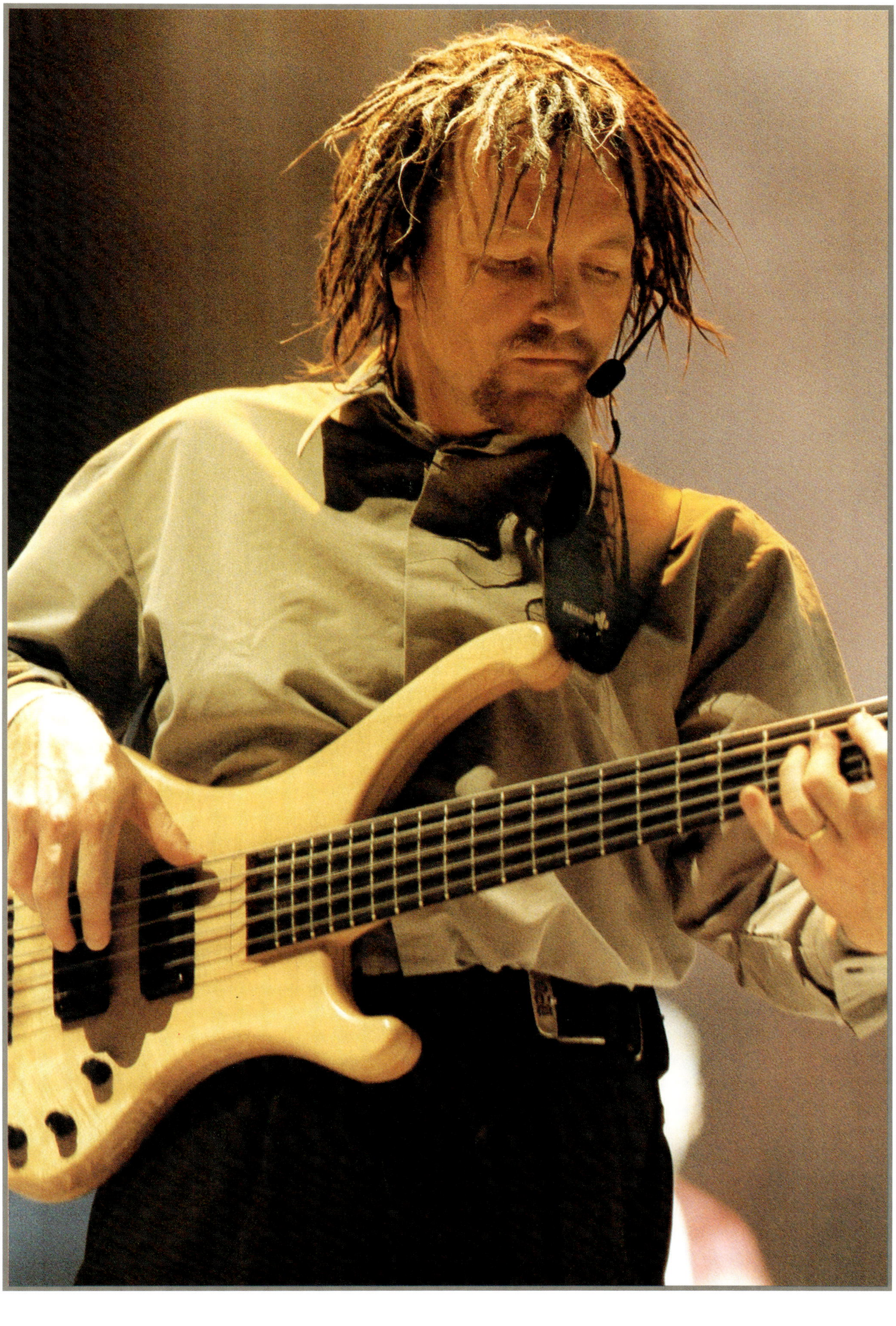

Wir gehören allen

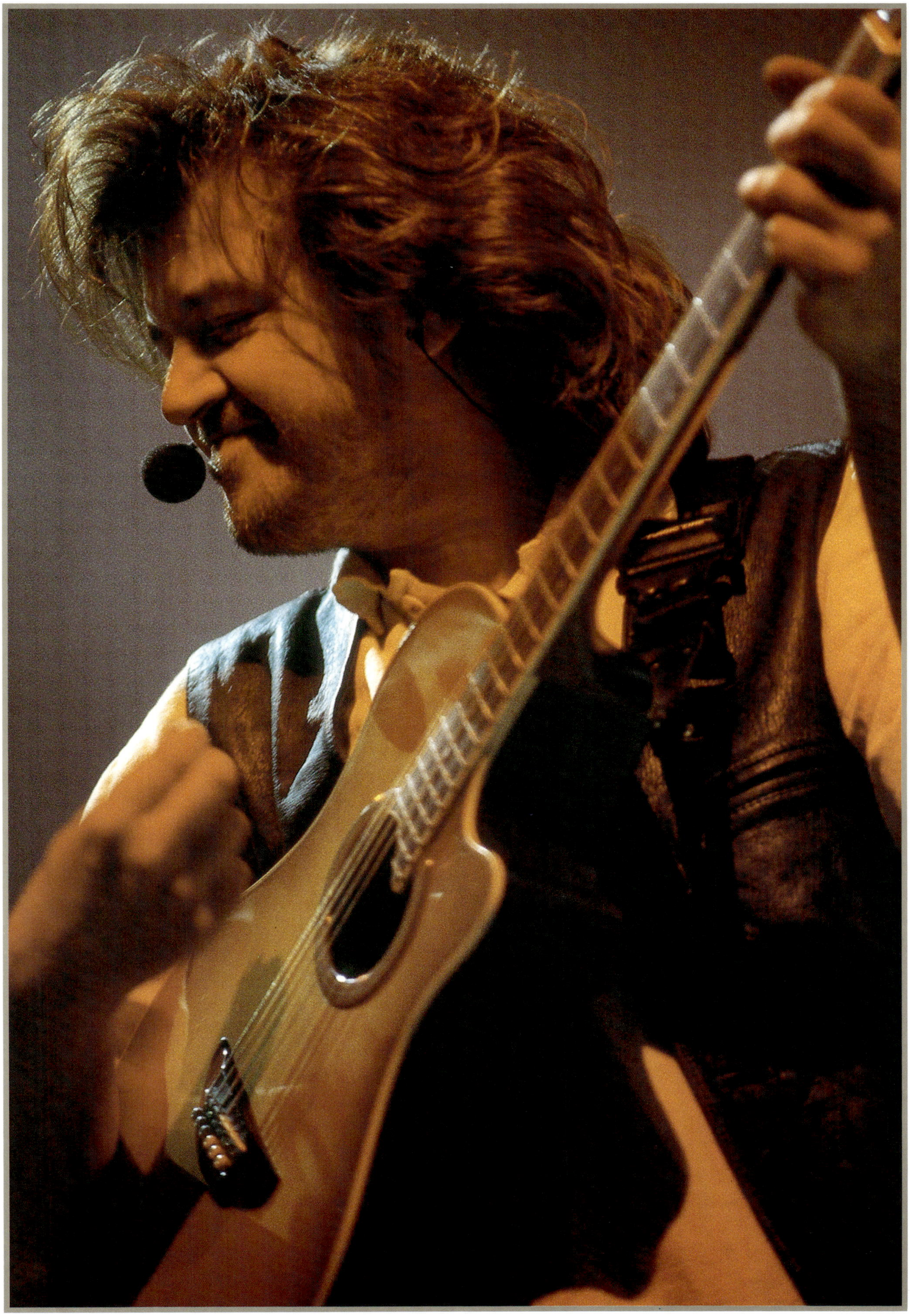

– wortwörtlich –

Presse Heimat Freiheit Freundschaft Träume Fans
Deutsche Sprache Soziales Engagement Familie Studioarbeit
Auf Tour Wir gehören allen **TV** Leidenschaft **Internet**

Als ich meine erste Frau kennen lernte, war ich ein am Wochenende Musik machender Student, der offensichtlich keine echte Chance auf viel mehr hatte. Meiner damaligen Frau war es ganz lieb, einen Studenten zu haben oder einen Lehrer, der am Wochenende ein bisschen die Sau rauslässt. Doch bei mir haben sich die Dinge anders entwickelt, ich ging immer weiter und sie blieb stehen. Irgendwann kam ich nach Hause und sie hatte jemanden gefunden, der besser in ihr Lebenskonzept passte. „Hör gut zu" war die erste Single aus „Seiltänzertraum". Ich war in einer Fernsehsendung und sagte gleich, dass ich auf gar kein Fall ein Interview gebe. Denen ist aber ein Beitrag ausgefallen und die

Moderatorin kam während der Live-Sendung ohne jede Vorwarnung daher und fragte mich, für wen ich das wunderschöne Liebeslied geschrieben habe. Ich konnte mich einfach nur noch wegdrehen und losheulen, da ging nichts mehr. Direkt nach der Sendung klingelte das Telefon. *„Was ist denn mit Hartmut los, er trägt ja keinen Ehering mehr?"*, und zack stand es in der Bravo. (Hartmut)

Nach der Abenteuerland-Tournee war ich schon so etwas wie der Volksheld. Man stellte fest, dass meine Sympathiewerte in der Jugend extrem hoch sind, insbesondere was die Glaubwürdigkeit angeht. Genau in dieser Zeit haben sich die Kellys zurückgezogen und die Medien brauchten wieder ein schönes Thema, auf dem sie rumreiten konnten. Und da wir schon ein wenig anders aussahen, insbesondere ich mit meiner blonden Locke, merkte ich plötzlich, die bauen mich als Kelly-Ersatz auf: einen Typ, der schon etwas darstellt, aber über den man sich gut lustig machen kann, weil er ein paar Macken hat. Dann kam die Harald Schmidt-Show, bei der ich einen Monat lang als „Liebling des Monats", bzw. Depp des Monats galt und mit Beiträgen bedacht wurde, die stark unter die Gürtellinie gingen. Immer als fettes Schwein mit Ausdruckstanz etc. dargestellt zu werden, das gibt einem dann schon zu denken. Aber zum Glück hatte ich da ja schon abgenommen. Eigentlich wollte ich zur Schmidt-Show nie hingehen, aber da habe ich dann sofort angerufen und ausrichten lassen: *„Freunde, ich schau mal vorbei."* Und dann kam ich dort an, 20 Kilo leichter, schwarzer Anzug, braun gebrannt und sah einfach zum ersten Mal wieder gut aus. Da haben die schon geglotzt. Die Wandlung hat sie beeindruckt. Mir ging es darum, den Leuten dort zu erklären: Ihr bekommt hier keinen Dummhans der Nation. Ich bin ein zu intelligenter und gebildeter Mensch, als dass ich es gut finden könnte, wenn ich zum Trottel der Nation erhoben werde. Da spiel ich nicht mit. Das habe ich dann in ein paar guten Talkshows klar gestellt, dass sie es hier mit einem sensiblen und nachdenklichen Menschen zu tun haben, der durchaus beleidigt sein kann. (Hartmut)

Unsere erste Fernsehsendung war einfach nur furchtbar. Bis dahin glaubten wir, es sei das Größte, mit der eigenen Band im Fernsehen aufzutreten, und danach sind wir ganz sicher berühmt. Es war eine Kindersendung, in die alle Plattenfirmen versuchten, ihre Bands unterzubringen. Die Kids hat unsere Musik aber überhaupt nicht interessiert, denn sie hatten mit der Spielidee überhaupt nichts zu tun. Das war ganz schön frustrierend. (Joe)

Die EMI hat sich für unseren jetzigen Internetauftritt richtig ins Zeug gelegt. Vier Firmen präsentierten uns bei der EMI ihre Entwürfe direkt am Rechner. Das hatte es bei der Intercord nicht gegeben. Wir waren uns ziemlich schnell einig, welche Company den Zuschlag erhält. Unser Webauftritt muss schön und schlüssig aussehen, schnell laufen und einfach funktionieren: Das ist es, was zählt. Wir haben mit dem Internet schöne Sachen vor, wie zum Beispiel ein PUR-Tagebuch, in dem jeden Tag was Neues über uns drinsteht und dazu ein paar aktuelle Bilder zu sehen sind. Das sind die neuen Dinge, in die wir uns jetzt reinarbeiten. Kiki, unsere Chefsekretärin, schreibt die Berichte und Peter Brosi und ich sorgen für die Fotos. (Joe)

T V & I n t e r n e t

– 86 –

– wortwörtlich –

Presse   Heimat   Freiheit   Freundschaft   Träume   Fans
Deutsche Sprache   Soziales Engagement   Familie   Studioarbeit
Auf Tour   Wir gehören allen   TV   Leidenschaft   Internet

Leidenschaft

Faul wie ich bin ist mein Lieblingsmedium in der Freizeit das Fernsehen, sehr wahrscheinlich, weil ich mit der Musik ständig beruflich zu tun habe. (Hartmut)

Die Musik ist meine Megaleidenschaft, denn ich mache nicht nur gerne Musik, sondern ich höre sie auch sehr gerne. Ich besitze wahnsinnig viele CDs. Für mein Musikzimmer ließ ich mir sogar spezielle Möbel anfertigen, damit alles schön beisammen ist. Weitere Leidenschaften sind Fahrrad fahren, mein Motorrad und im Winter das Snowboard. (Joe)

Mir macht es Spaß, Stimmen und Mimik von bekannten Persönlichkeiten nachzumachen. Das ging schon in der Schule los. Später imitierte ich namhafte Politiker. In den 80er Jahren hatte ich ein 90-minütiges Politprogramm zusammengestellt. Brand, Genscher, Kohl, Strauß etc., alle waren sie dabei und alle zog ich genüsslich durch den Kakao. Später, 1990 und 1991, gab ich diverse Kleinkunstauftritte in unserer Region, und sie waren nicht einmal schlecht besucht. Das hat mir sehr viel Spaß gemacht. Doch dann verfolgte ich es aus Zeitmangel nicht mehr weiter. Bei Festen und Feierlichkeiten gebe ich natürlich ab und zu einen zum Besten. (Roland)

Seit ein paar Tagen begeistert mich das Internet. Das Rauchen und Trinken ist eine Sucht, das Essen und Golfen meine Leidenschaft. (Ingo)

Gitarre spielen war und ist für mich nach wie vor das Größte. Zu Hause habe ich mir ein Tonstudio eingerichtet, in dem ich mich neben und für PUR vollends ausleben kann. Musik zu machen oder zu produzieren, das ist meine Leidenschaft. Seit ich die Jungs kenne, habe ich unterrichtet, am Anfang vier bis fünf Nachmittage. Doch das wurde Mitte bis Ende der 80er immer weniger. An der Musikschule in Freiberg unterrichte ich noch heute, allerdings nur zwei Nachmittage, jeweils drei Stunden. Früher waren die Nachmittage sechs Stunden lang, doch das ist mir heute zu viel. Ich unterrichte seit 22 Jahren aus Leidenschaft. Wenn man unterrichtet, trägt man für die Kinder eine große Verantwortung. Man begleitet sie oft einige sehr wichtige Jahre durchs Leben. Mir macht das Unterrichten so viel Spaß, weil die Kinder mir so viel zurückgeben. Das müssen keine talentierten Kinder sein. Talent oder nicht, das spielt für mich überhaupt keine Rolle, denn jedes Kind kann aus dem Unterricht etwas für sich mitnehmen, wenn es nur will. Wenn ein Kind Spaß an der Musik hat, und die Zeit investieren will, dann sollte man es auf jeden Fall unterstützen, denn die Musik ist etwas Wunderbares.

Einige meiner Schüler haben schon eigene Platten gemacht, doch sind das die Ausnahmen. Ein besonderes Erlebnis hatte ich mit einer Schülerin, als ich noch drei Nachmittage die Woche an zwei Musikschulen unterrichtete. Einen Nachmittag musste ich aufgeben. Die Schülerin, ein kleines Mädchen namens Melanie, sah mich mit großen, enttäuschten Augen an, als ich ihr sagte, dass ich nicht mehr kommen kann und sie einen neuen Lehrer bekommt. Ich werde nie ihre Frage vergessen: *„Und wo bleibe ich?"* Da fühlte ich mich richtig Scheiße. (Rudi)

Für mein Musikzimmer ließ ich mir sogar spezielle Möbel anfertigen,... (Joe)

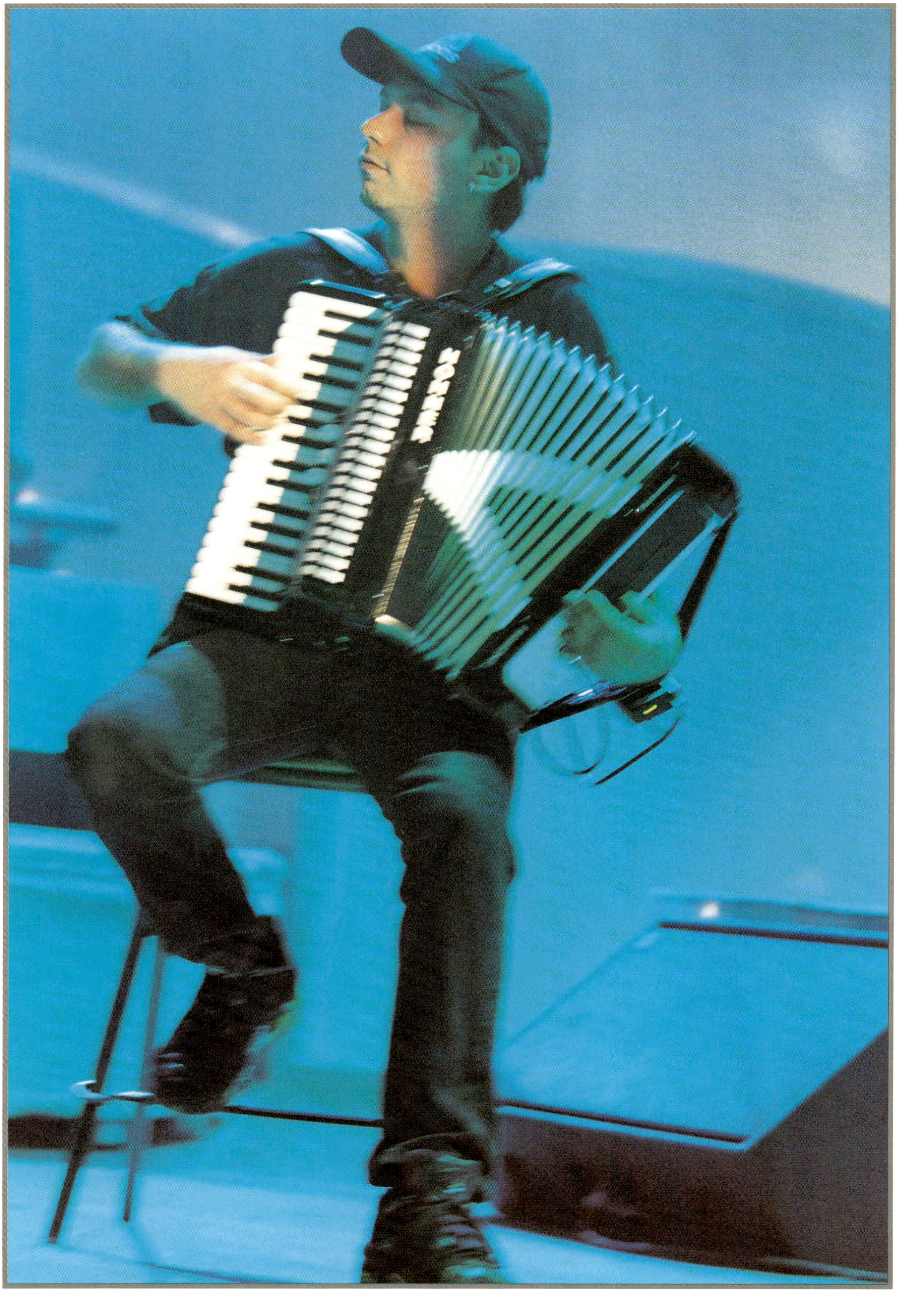
HOHNER

– Gastmusiker –

„Als vor etwa zehn Jahren Martin Ansel zu uns kam, schloss sich für mich der Kreis. Seit wir zusammenarbeiten ist das Komponieren und Arrangieren ein Riesenspaß. Martin ist einfach die ideale Ergänzung zu meiner Person. Wir verstehen uns auf menschlicher und musikalischer Ebene ausgezeichnet. Dadurch entsteht bei der Arbeit eine kraftvolle Eigendynamik. Dabei ist es natürlich von großem Vorteil, dass Martin so viele Instrumente sehr gut spielt. Das macht die Arbeit in vielerlei Hinsicht leichter." (Ingo)

Eigentlich sagen alle, dass Martin im Grunde das sechste Band-Mitglied ist, denn gemeinsam mit Ingo Reidl ist er Produzent des Albums „Mittendrin". Martin selbst äußert sich bescheidener: „Ich sehe mich als Zuarbeiter für die Band. Ich kenne PUR seit 1983 und habe den Werdegang beständig verfolgt. Mir hat die Musik schon immer sehr gut gefallen. So wie unsere Zusammenarbeit momentan läuft, finde ich es super, denn Ingo und ich haben jetzt von Anfang bis Ende der Produktion alles unter Kontrolle. Das gibt uns insgesamt ein viel besseres Gefühl. Auf dem Album Mittendrin kann man diese neu gewonnene Unabhängigkeit und Freiheit der Band durchaus hören, denn PUR klingt jetzt für mein Empfinden lebendiger und frischer. Doch hat sich für mich die Arbeit in den letzten Jahren im Großen und Ganzen nicht wesentlich verändert. Mir macht die Zusammenarbeit mit PUR einfach nur riesigen Spaß."

Martins Anteil an „Mittendrin" ist beträchtlich, denn er hat gemeinsam mit Ingo die ganze Vorarbeit geleistet. In Stuttgart begann er klassische Gitarre zu studieren, doch während des Studiums bekam er das Angebot, in einem Tonstudio zu arbeiten, was er 1987 sofort annahm. *„Ich selbst sehe mich als Mischwesen, als Allrounder, der als Musiker und im Tonstudio viele Dinge mehr oder weniger gut bis sehr gut kann und macht. Ich möchte nichts erklären müssen sondern selber aktiv handeln. Wie es jetzt läuft, so ist es optimal."* (Martin)

Neben PUR produziert er noch die „Franziska Kleinert Band", doch mehr will er augenblicklich nicht machen. Auch die Wünsche für die Zukunft fallen sehr zurückhaltend aus: „Ich kann und möchte in musikalischer Hinsicht nie weit vorausplanen. Es kommt wie es kommt." Doch naht ganz bald das private kleine große Glück, denn seine Freundin erwartet in Kürze das erste Kind.

martin ansel
PUR

– Gastmusiker –

David Hanselmann war lange Zeit das große Gesangsvorbild von Hartmut Engler, denn Davids unglaublich kraftvolle und nimmermüde Rockröhre ist in Deutschland sicherlich einmalig. Erstmals zu hören war er bei PUR 1992, als er zur Aufnahme des Livealbums „PUR Live" den Chor verstärkte. Seitdem ist er bei den PUR-Konzerten nicht mehr wegzudenken. Neben PUR pflegt David noch einige andere musikalische Aktivitäten, wobei er seine Energie im Wesentlichen in seine Band „Dudes" investiert, deren Frontmann er ist. Mit Joe wirkt er zudem gemeinsam im Gospelchor „The Union".

david hanselmann
PUR

Seit 1995 ist Martin („Stöcki") Stoeck als Tour-Schlagzeuger dabei. Kennen gelernt hat man sich allerdings schon 1992, als Hartmut und Ingo Herrn Stoeck erstmals bei einem Konzert sahen und hörten. Dieser Eindruck hinterließ seine Spuren, denn zwei Jahre später lud man Martin zu einem Vorspiel bei PUR ein. Dort überzeugte er endgültig alle als Drummer und als Mensch. Auf dem Album „Mittendrin" wirkt er sogar erstmals als Studiodrummer mit, wobei er bereits auf „Live, die Zweite" und den Videos „Abenteuerland" und „Mächtig viel Theater" zu hören ist. Die Erfahrung, die Martin Stoeck beim Einspiel von über 400 in- und ausländischen CD-Produktionen sammeln konnte, zahlt sich für PUR sicherlich auch in Zukunft aus.

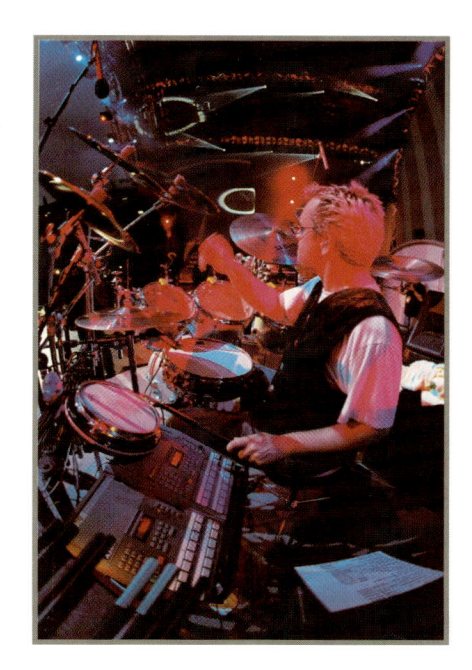

martin („stöcki") stoeck
PUR

P U R

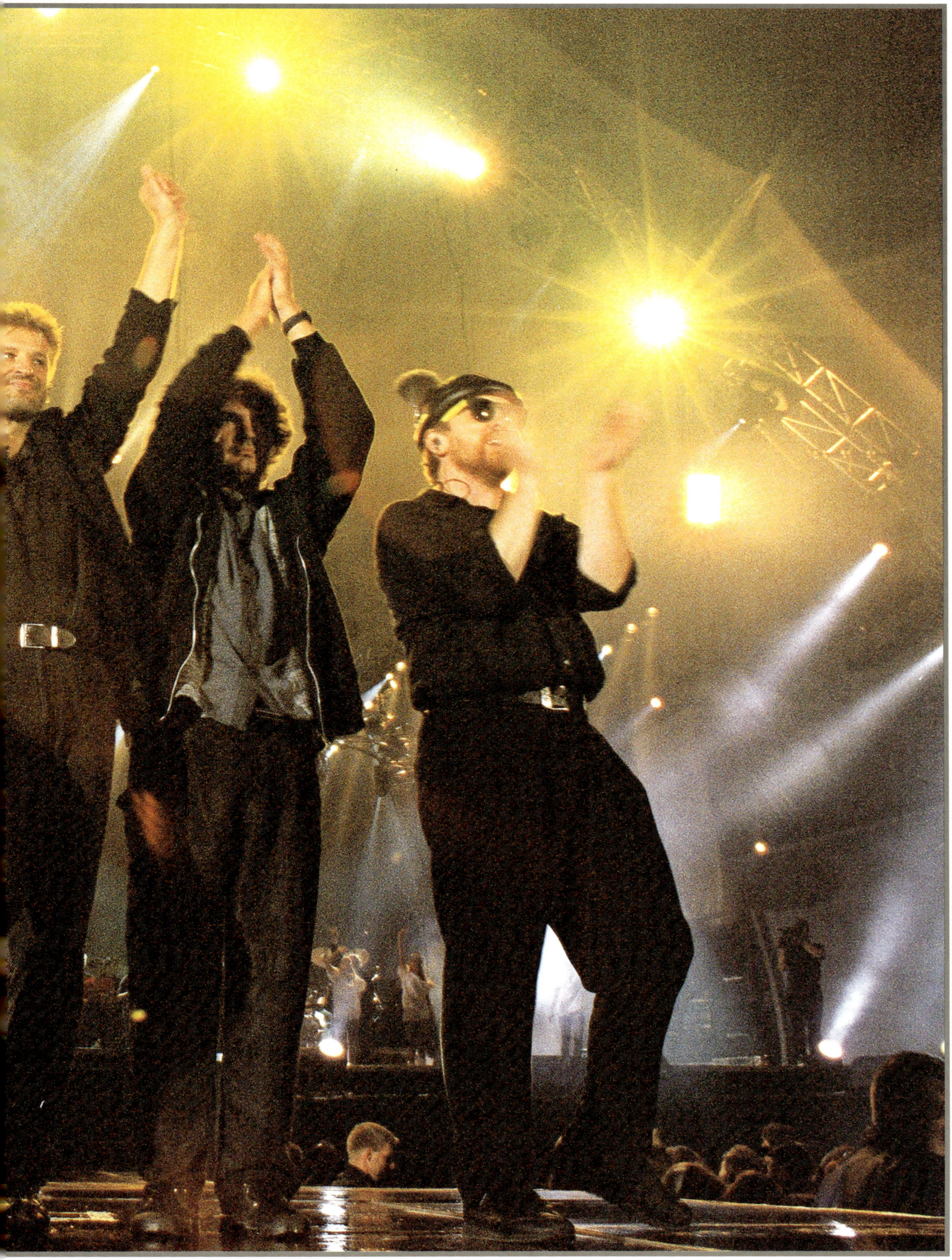

– Diskographie –

album

mittendrin	mächtig viel theater	live die zweite	abenteuerland
seiltänzertraum	live	nichts ohne grund	unendlich mehr
wie im film	pur	vorsicht zerbrechlich	opus 1

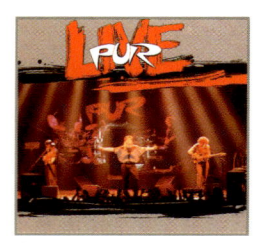

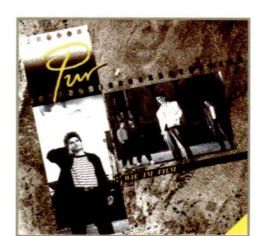